Job und Familie

Birgit Rupprecht-Stroell

Job und Familie kinderleicht

Der neue Karriere-Guide für berufstätige Mütter

FALKEN
Taschenbuch

Im FALKEN Taschenbuch sind weitere Titel zu diesem Themenbereich erschienen.
Sie sind überall erhältlich, wo es Bücher gibt.

Sie finden uns im Internet: **www.falken.de**

Der Text dieses Buches entspricht den Regeln
der neuen deutschen Rechtschreibung.

Dieses Buch wurde auf chlorfrei gebleichtem
und säurefreiem Papier gedruckt.

Die Reihe „ganz schön STARK. ganz schön FRAU"
erscheint mit freundlicher Unterstützung von

Secret

ISBN 3 635 60602 2

Umschlaggestaltung: CCG Werbeagentur, Köln
Redaktion: Sabine Nachtwey, Peine/Vera Baschlakow
Herstellung: Christina Dinkel
Satz: Lithotronic, Frankfurt am Main
Druck: Freiburger Graphische Betriebe GmbH, Freiburg

Die Ratschläge in diesem Buch sind von der Autorin und vom Verlag sorgfältig erwogen und geprüft, dennoch kann eine Garantie nicht übernommen werden. Eine Haftung der Autorin bzw. des Verlags und seiner Beauftragten für Personen-, Sach- und Vermögensschäden ist ausgeschlossen.

817 2635 4453 6271

Inhalt

1. KAPITEL

2. KAPITEL

3. KAPITEL

1. Kapitel

Kinder und Karriere: entweder – oder?

„Herzlichen Glückwunsch – Sie sind schwanger." Dieser Satz ruft nicht in jeder Frau sofort helle Begeisterung hervor. „Ausgerechnet jetzt", denkt Christiane. Sie hat vor sechs Wochen ihren neuen Job als Vorstandsassistentin angetreten. Nachwuchs war vorläufig nicht geplant. Wie soll sie nun diese Situation meistern? Sie hat studiert, ist karriereorientiert und hat genaue Vorstellungen von ihrer Zukunft. In dieses Bild passt vorerst kein Kind.

Angelika ist fassungslos. Viele Jahre hatten sie und ihr Partner alle nur erdenklichen Mittel und Methoden ausprobiert, um ein Kind zu bekommen – ohne Erfolg. Sogar über eine Adoption hatten sie gesprochen, diesen Gedanken dann aber verworfen und mit der Zeit ihre Situation akzeptiert. Angelika, die seinerzeit nichts lieber sein wollte als nur Mutter und Hausfrau, orientierte sich völlig neu. Sie hat sich selbstständig gemacht, hat Freude und Erfolg mit ihrer Arbeit. Und nun ist sie schwanger. Ein Zustand, der sie vor sechs Jahren zur glücklichsten Frau der Welt gemacht hätte, wird jetzt zu einem Problem.

Ursula hingegen ist überglücklich – zunächst. Kinder oder nicht, das war nie eine Frage in ihrer Partnerschaft. Aber mit dem Wie und Wann hatte sich das junge Paar nicht konkret befasst. Sobald die erste Euphorie nachlässt, nehmen die Bedenken zu: Wie soll sie das schaffen? Was ist mit ihrer Arbeit? Und vor allem: Wie soll eine ganze Familie mit dem geringen Einkommen, über das die beiden momentan verfügen, zurechtkommen?

Auch Eva, die Powerfrau, die genau weiß, was sie will, ist hin- und hergerissen. Mit dem Gedanken an ein Kind hat sie schon manchmal gespielt. Nun ist sie also schwanger – vom Erzeuger des Kindes hat sie sich kürzlich getrennt. Ein toller Mann, aber als Partner absolut ungeeignet. Wegen eines Kindes in einer Partnerschaft nur Kompromisse eingehen zu müssen, das kommt für Eva überhaupt nicht in Frage. Energisch schüttelt sie bei diesem Gedanken den Kopf, als wollte sie ihren Entschluss damit bekräftigen. Eva braucht Zeit, um mit sich und der völlig veränderten Lebenssituation ins Reine zu kommen. Will sie wirklich ein Kind, ist sie bereit, die Verantwortung zu übernehmen? Wie kann sie als Single-Mutter dem Kind gerecht werden und zugleich nicht nur ihren Beruf weiter ausüben, sondern auch noch im Job weiterkommen, ihr Berufsziel erreichen? Eines weiß sie aber ganz sicher: Ein Kind bedeutet auf jeden Fall das Aus für die Kurztrips nach London, New York oder Paris, für die Schönheitsfarm und die durchfeierten Nächte, die sie liebt und die ihr oft das Gefühl geben, das Leben richtig zu spüren. Ist das der Abschied von dem Leben, das sie bisher führte und das sie genossen hat? Tausend Fragen schwirren ihr im Kopf herum.

Selbst wenn Nachwuchs sich planmäßig zum richtigen Zeitpunkt anmeldet, wenn frau glaubt, alles durchdacht und organisiert zu haben, so kommen doch immer wieder Zweifel und Ängste auf. Die negative Presse zum Thema Kindergartenplätze, entmutigende Berichte über die berufliche Situation von Müttern sowie der Anblick nervöser Frauen, die zwischen Büro und Kindergarten hin- und herhetzen, lösen selbst in zuversichtlichen werdenden Müttern Bedenken aus, ob das alles tatsächlich zu schaffen ist, ob die Entscheidung „Beruf und Kind" wirklich richtig ist. Im Hinterkopf geistert außerdem der – oftmals stumme – Vorwurf von Nichtbetroffenen herum, dass berufstätige Mütter alles wollen, dass sie regelrechte Rabenmütter sind, egoistisch, rücksichtslos und blauäugig, und dass sie ihre beruflichen Ambitionen auf Kosten der Kinder ausleben.

Auch für Frauen, die schon über einige Jahre Praxis in Sachen Mutterschaft und Beruf verfügen, kommen immer mal Augenblicke – die manchmal sogar in länger anhaltende Phasen ausufern –, in denen sie sich wieder und wieder fragen: „Mache ich es richtig? Oder mache ich mir nur etwas vor? Bin ich eine gute Mutter, auch wenn ich das Kind zu einer Tagesmutter gebe und mich für das Abendseminar, das es nur einmal im Jahr gibt, einschreibe, obwohl die Kleine gerade jetzt wegen der Zähne besonders schwierig ist? War die Entscheidung für Kind und Beruf richtig? Was ist, wenn sich erst später zeigt, dass das Kind mehr mütterliche Zuwendung gebraucht hätte?" Und wenn frau dann wieder einmal nach einem 18-Stunden-Job- und Kindeinsatz, nach Wochen, in denen keine einzige Minute Zeit für sie selbst blieb, erschöpft ins Bett fällt, stellt sie sich zum tausendsten Mal die Fragen: „Wo bin **ich** eigentlich in diesem System? Was bleibt für mich? Soll das mein ganzes Leben sein? Was habe ich wirklich von meinem Kind? Erfüllt mich meine Arbeit überhaupt noch unter diesen Bedingungen?"

Helga ist für Research in einem großen internationalen Consultingbüro verantwortlich und liebt ihren aufgeweckten Sprössling über alles; ihr Mann hilft beim Kind und im Haushalt, sofern er zu Hause ist. Zu ihrem großen Leidwesen hat sich seine berufliche Situation nämlich geändert. Er ist heute den Großteil der Woche auf Reisen. Auch das haben sie noch gemanagt. Glücklicherweise konnten die beiden mit Bekannten in ähnlicher Situation eine Art Gemeinschaftsdienst ins Leben rufen. Das funktioniert ganz gut, allerdings nur solange alles nach Plan läuft. Ein bisschen Fieber bei dem Kleinen, ein neuer, eiliger Klient – und das System zeigt seine Tücken und Lücken. Wenn Helga in solchen Zeiten anstelle des dringend notwendigen Erholungsschlafes in den Fachzeitschriften blättert und die Zigarettenkippen aus dem Aschenbecher quellen, dann macht sich auch noch das schlechte Gewissen breit. Selbst fix und fertig, der Partner weit weg, das Kind quengelig und der Chef ungeduldig, kann Helga die eindringlichen Argumente von Bekannten und Verwandten nicht mehr ignorieren: „Das schaffst du nie. Dein Kind wird darunter leiden. Schau dir nur an, wie schnell Kinder abrutschen und kriminell werden, wenn sie nicht behütet aufwachsen, wenn die Mutter nicht immer für sie da ist…"

Hanna hätte sich ein Leben ohne Job gar nicht vorstellen können. Immer zu Hause sein, jahrelang Kindersprache sprechen, bis man selbst verblödet, dann später vielleicht als Luxusgattin vom Tennis zum Golfen eilen, die Kinder vom Ballettunterricht zum Reitstall chauffieren… Eine grauenvolle Vorstellung für die quirlige junge Frau. So war es kein Thema für endlose Diskussionen, als Klein-Felix, ein fröhliches Kerlchen, das seinem Namen alle Ehre macht, sich ankündigte. Organisation ist alles, befanden Hanna und Hans und gingen entsprechend zuversichtlich mit der neuen Situation um. Eine positive Einstellung, gute Arbeitsaufteilung und ein ausgesprochen günstiges Umfeld erleichterten den Einstieg in den zweiten Lebensjob Mutter. Aber auch für Hanna kommen Zeiten, in denen sie das Gefühl hat, es wird zu viel, die Dinge gleiten ihr aus den Händen, die Arbeit wächst ihr über den Kopf. Dann vergeht ihr sogar die Lust auf den „freien" Abend mit Freundinnen, und mit schwindender Energie hat sie nur noch einen Wunsch: mehr Zeit für sich selbst. Nur einmal eine Woche lang keinen Plan, keinen Termin, keinen Mann und kein Kind haben – und sei es noch so pflegeleicht. Nur noch für sich selbst da sein können, schlafen, lesen, im Schatten vor sich hindösen oder endlich einmal wieder die Farben auspacken und malen, zur Ruhe finden und sich selbst spüren. Spüren, dass sie noch da ist, noch richtig lebt, wieder einmal den Duft der Frühlingsblumen bewusst riechen oder zuschauen, wie die ersten dicken Schneeflocken langsam auf der Hand schmelzen – Erinnerungen an die eigene Kindheit wachrufen. Einmal Zeit haben wie die Freundin ohne Kind. Zeit zu haben ist ein Luxus, den eine Frau sich als berufstätige Mutter kaum leisten kann. Mit erheblichem Kraftaufwand zwingt sich Hanna dazu, sich auf ihre Aufgaben zu konzentrieren, ihre Träume und Sehnsüchte beiseite zu schieben – mit dem tröstenden Gedanken: Vielleicht kann ich das später einmal... Wie das dann realisiert werden soll, damit beschäftigt sie sich jetzt lieber nicht. Jetzt zeigt ihr nämlich der Blick auf die Uhr, dass sie etwas mehr Gas geben muss, als polizeilich erlaubt ist. Sie weiß, Felix sitzt bereits in den Startlöchern, wartet im Kindergarten auf sie und wird wieder einmal bitter enttäuscht sein, wenn er der Letzte ist, der abgeholt wird. Sein leiser Vorwurf: „Die anderen Eltern mögen ihre Kinder lieber als du" tut weh.

Schon in den Achtzigerjahren wurde bei den jungen Mädchen ein Trend zum doppelten Lebensentwurf erkennbar, der sich mit den Jahren verstärkt hat. Und heute können sich die wenigsten jungen Mädchen ein Leben als Hausfrau und Mutter vorstellen. Im Durchschnitt sind verheiratete Frauen 28 Jahre alt, wenn sie ihr erstes Kind bekommen. Vorher werden die beruflichen Weichen gestellt, die Finanzen geprüft und natürlich ein Partner gesucht. Das Aufgeben des Berufes zugunsten der Mutterschaft wird immer seltener. So wird es umso wichtiger, den besten Weg zu finden, Job und Familie so gut wie möglich miteinander zu vereinbaren.

I. Träume sind keine Schäume

Egal, ob Sie sich heute nur einmal gedanklich mit der Möglichkeit befassen, Kind und Beruf zu vereinen, ob Sie schwanger sind oder werden möchten oder ob Sie bereits mitten drin sind in diesem Lebensabschnitt: Wichtig ist, dass Sie sich darüber im Klaren sind, wie Sie sich Ihr Leben vorstellen, wie Sie es sich einmal vorgestellt haben, was welche Bedeutung für Sie hat. Was heute wichtig ist, mag in zehn Jahren unerheblich sein; Dinge, die heute keine Rolle spielen, können zu einem anderen Zeitpunkt in Ihrem Leben Priorität erlangen. Erinnern Sie sich noch, wie Sie sich Ihr Leben vorgestellt haben – vor 15, 10 oder 5 Jahren? Wie haben sich die Prioritäten verschoben, welche Werte sind heute für Sie von Bedeutung, was ist Ihnen wichtig, und was wird für Sie wichtig bleiben? Jeder hat seinen eigenen Lebenstraum, auch wenn die Realität oft anders ausschaut. Träume geben Einblick in die Seele und machen tiefe Wünsche und Bedürfnisse sichtbar, die nicht einfach als Unsinn abgetan werden dürfen, weil sie eine erhebliche Rolle für unser Lebensgefühl spielen. Verbannen Sie deshalb nicht all Ihre Wünsche und Träume aus Ihrem Leben – sie sind ein Teil von Ihnen. Bestimmen Sie Ihr Leben nicht nur mit dem Kopf, sondern lassen Sie auch Raum für Gefühle. Bedürfnisse und – vielleicht unrealistische – Lebensvorstellungen sollten nicht dem Verstand zum Opfer fallen; sie dürfen nicht rigoros gestrichen oder einfach ignoriert werden. Vergessen Sie nie, das, was Ihnen wichtig ist, ernst zu nehmen, denn sonst haben Sie schnell einen ständigen Begleiter an Ihrer Seite, nämlich den Frust.

Aber nicht nur Träume werden beiseite geschoben, auch echte Bedürfnisse werden nicht gelebt. Frauen sind Weltmeister im Erdulden, sie machen Kompromisse und Konzessionen, anstatt einmal an sich selbst zu denken und eigene Pläne konsequent zu verfolgen. Das Leben verändert sich – ob wir es nun aktiv gestalten oder passiv ertragen. Wir können nichts daran ändern, dass ein Tag dem anderen folgt. Aber was wir aus dem Tag machen, das liegt an uns selbst. Warum also nicht aktiv werden und einmal eigene Wünsche realisieren und nicht nur die der lieben Familie, der Kollegen oder der Verwandtschaft? Es gibt eine Unzahl von Ausreden, mit denen gerade Frauen sich der Verantwortung für das eigene Lebensglück entziehen: „Vielleicht wird alles einmal von selbst besser"; „Mein Mann mag nicht, dass ich arbeite"; „Ich komme einfach nicht dazu"; „Man kann nicht alles haben"; „Das geht erst, wenn die Kinder aus dem Haus sind"; „Ich könnte ja, wenn ich wollte". Haben Sie auch solche Sprüche auf Lager?

Hinzu kommt, dass Frauen die Neigung haben, sich möglichst viele Türen offenzuhalten. So werden Entscheidungen immer wieder verschoben – oftmals so lange, bis es dann wirklich zu spät ist. Nicht mehr die Frau hat dann entschieden, sondern die Firma, der Partner, der Chef oder – wie es so gerne genannt wird – das Schicksal. Es muss dann herhalten für das eigene Versagen. Was für einen Mann selbstverständlich ist, nämlich ein Konzept zu erarbeiten, ein Lebenskonzept, das fällt vielen Frauen schwer. Oft wissen sie nicht einmal ganz genau, was sie wirklich wollen. Welche Interessen, welche Bedürfnisse und welche Fähigkeiten sie haben. Aber nur wer genau weiß, was er will, der bekommt es auch.

Entwickeln Sie ein Lebenskonzept! Finden Sie Ihre ganz persönlichen Werte heraus, werden Sie sich klar darüber, was Sie nur interessiert und was Sie wirklich – aus tiefstem Herzen – wollen. Dann können Sie Ihre Kräfte gezielt einsetzen, können optimal planen, und der Erfolg ist auf Ihrer Seite.

Stellen Sie sich die folgenden Fragen nicht nur heute, sondern überprüfen Sie mindestens zweimal im Jahr Ihre Situation. So lernen Sie sich selbst immer besser kennen und wissen genau, wo Sie hinwollen, wo Sie momentan stehen und ob Sie tatsächlich im Einklang mit Ihren Vorstellungen leben. „Wo stehe ich? Was will ich? Wo will ich hin?" Das sind lohnende Fragen, und zwar lebenslang. Ihr Auto lassen Sie vermutlich regelmäßig überprüfen – warum tun Sie das nicht auch mit Ihrem Lebensplan? Checken Sie, ob alles noch stimmt, ob Sie auf „Ihrem“ Weg sind oder ob Sie abdriften.

II. Was erwarte ich vom Leben?

Das sollten Sie sich als Erstes fragen. Wenn Sie heute schwanger sind und dieses Buch in Händen halten, so sind Sie zwar über den Anfangsschritt bereits hinaus. Dennoch sollten auch Sie sich diese Frage stellen, denn es gibt noch ein Leben nach dem Kind. Nur wer ein Ziel hat, kann auch ankommen. Ihr Leben wird in kurzer Zeit zum Chaos, wenn Sie nicht von vornherein die Weichen entsprechend stellen, Prioritäten festlegen und eine realistische Planung machen. Das ist schon für ein Leben ohne Kinder notwendig, wenn man sich nicht eines Tages irgendwo auf dem Abstellgleis des Lebens wiederfinden will. Ein Leben mit Kindern zu gestalten und zugleich nicht (ganz) aus dem Berufsleben auszusteigen, bei all dem nicht zu kurz zu kommen, ohne Schuldgefühle eigene Bedürfnisse auszuleben – das ist ein hohes Ziel. Um es erreichen zu können, sollten Sie mit sich selbst im Reinen sein und Klarheit über Ihre Wünsche, Ziele und Möglichkeiten gewinnen. Egal, ob Sie nun Ihr Kind geplant haben, ob Sie allein oder in einer Partnerschaft leben, ob Sie Karriere machen wollen oder aus finanziellen Gründen arbeiten (müssen): Wichtig ist erst einmal, herauszufinden:

1. Wo stehen Sie heute?
2. Wo wollen Sie hin (kurz-/langfristig)?
3. Welche Möglichkeiten gibt es?
4. Haben Sie die Kraft, Ihre Ziele zu erreichen?

Bricht alles über Sie herein, fühlen Sie sich einer Situation nicht gewachsen, haben Sie Angst vor dem Neuen, Unbekannten, dann hilft nur eines, nämlich sich Punkt für Punkt mit dem Problem auseinander zu setzen, es möglichst in Einzelaspekte zu zerlegen – nach dem Motto: Gefahr erkannt, Gefahr gebannt! Nehmen Sie sich Zeit, setzen Sie sich in Ruhe hin, vielleicht bei einer Tasse Tee und schöner Musik. Sie sollten sich wohl fühlen, nicht unter Zeitdruck stehen und möglichst nicht gestört werden. Es geht jetzt schließlich um Ihre Zukunft, um Ihr Leben und das Ihres Kindes. Die aufgeführten Fragen sind nur Denkanstöße; ergänzen und vertiefen Sie sie, und notieren Sie alle wichtigen Punkte zu den einzelnen Themen.

Der erste Schritt: die Situationsanalyse

Persönliche Situation:

Notieren Sie alle wichtigen Punkte, wie Familienstand, Freunde, Verwandtschaft etc.

- Wer spielt eine wichtige Rolle in Ihrem Leben?
- Welchen Stellenwert hat das Privatleben für Sie?
- Welche Rolle spielen Kinder in Ihrem Leben?
- Was würden Sie für Kinder aufgeben?
- Was ist Ihnen wichtig in Ihrem Leben (Geld, Anerkennung, Gefühle etc.)?
- Worauf könnten Sie am leichtesten verzichten?
- Worauf könnten oder möchten Sie gar nicht verzichten?
- Was ist Ihr größter Wunsch?
- Entspricht Ihr Privatleben Ihren Vorstellungen?
- Könnten Sie sich eine Zukunft als Hausfrau und Mutter vorstellen?
- Tun Sie tatsächlich, was Sie wollen und sich vorgenommen haben, oder verschieben Sie vieles auf später?
- Wie steht Ihr Partner dazu, dass Sie auch als Mutter berufstätig bleiben wollen?
- Hat er seine Unterstützung angekündigt? Wenn ja, in welcher Form?
- Fühlen wir uns reif genug, ein Kind zu haben?
- Haben wir das Gefühl, auf Fernreisen, Partys etc. zumindest für eine Weile wegen eines Kindes verzichten zu können?
- Kenne ich viele berufstätige Mütter?
- Könnten diese ein Vorbild für mich sein?
- Ist meine Vorstellung von einem Leben mit Job und Kind realistisch?
- Habe ich ganz klare Vorstellungen von einer Aufgabenteilung, wenn das Kind da ist?

- Weiß mein Partner genau, welche Veränderungen auf ihn zukommen?
- Ist er damit einverstanden?
- Wird er sich voraussichtlich an seine Zusagen halten?
- Findet er es toll, dass Sie Kind und Job vereinbaren wollen, oder lehnt er dies ab?
- Wie steht es mit Ihren Eltern, Geschwistern und Freunden? Können Sie mit deren Unterstützung – moralisch und praktisch – rechnen?

Berufliche Situation:

- Warum arbeiten Sie?
- Wie wichtig ist Ihnen Ihre Arbeit?
- Welchen Stellenwert hat Ihr Beruf in Ihrem Leben – heute und in 5,10, 20 Jahren?
- Wie groß ist Ihr berufliches Engagement?
- Haben Sie schon konkrete berufliche Ziele, und was haben Sie dafür bisher getan?
- Haben Sie Erfolg?
- Schlafen Sie manchmal schlecht, weil Sie Probleme im Job haben?
- Schaffen Sie Ihr Arbeitspensum ohne Überstunden?
- Verdienen Sie entsprechend Ihrer Leistung?
- Erhalten Sie Anerkennung für Ihre Leistung? Wenn ja, von wem und in welcher Form?
- Fühlen Sie sich wohl in Ihrer Firma, gehen Sie gern jeden Tag ins Büro?
- Können Sie sich vorstellen, dass die Mitteilung, dass Sie schwanger sind, Probleme in Ihrer Firma verursachen könnte? Wenn ja, welche?
- Ist Ihr augenblicklicher Job eine Art Notlösung, weil Sie nichts Besseres gefunden haben, oder ist Ihr Beruf Berufung?
- Können Sie sich auch einen anderen Beruf vorstellen? Wenn ja, wie sieht es dabei mit den Voraussetzungen aus?
- Wie steht es mit Ihren Aussichten auf eine richtige Karriere?
- Welche Voraussetzungen fehlen Ihnen dazu?
- Sind Sie noch in der Ausbildung, im Studium?
- Sind Sie Beamtin, Angestellte oder selbstständig?

- Können Sie sich eine andere Beschäftigungsform vorstellen?
- Wie sind Ihre Chancen, in Ihrem Beruf/Ihrer Firma weiterzukommen?
- Hält sich die Fahrzeit ins Büro im erträglichen Rahmen?

Finanzielle Situation:

- Wie hoch ist Ihr Lebensstandard?
- Welchen Stellenwert hat Geld für Sie?
- Sind Ihnen eine hohe Lebensqualität, Luxus etc. wichtiger als Sicherheit in Form von finanziellen Rücklagen, Versicherungen und Vorsorgen?
- Machen Sie oft Urlaub – wo und wie?
- Gehen Sie lieber ins Fastfood-Restaurant oder ins Sterne-Lokal?
- Wie teilen Sie Ihr Geld ein (in Prozent für Haushalt, Sparen, Ausbildung, Luxus etc.)?
- Leben Sie über Ihre Verhältnisse?
- Würden Sie sich als eher sparsam bezeichnen?
- Können Sie sich das leisten, was Ihnen wichtig ist?
- Erhalten Sie finanzielle Unterstützung (Eltern, Studienbeihilfe etc.)?
- Haben Sie finanzielle Verpflichtungen (Rückzahlung von Schulden, Wohnungskauf etc.)?
- Haben Sie ein finanzielles Polster?
- Können Sie sich ein Kind (oder mehrere Kinder) finanziell leisten?

Psychische Situation:

- Haben Sie eine positive Grundeinstellung zum Leben, und sind Sie grundsätzlich zufrieden mit Ihrem Leben?
- Sind Sie dynamisch, haben Sie Energie, oder gehen Sie jeden Abend müde und erschöpft ins Bett und schieben eine Menge Unerledigtes von einem Tag auf den anderen?
- Lachen Sie oft?
- Was tun Sie, wenn Sie in ein psychisches „Loch“ fallen?
- Lassen Sie sich leicht Aufgaben aufbürden?
- Ist es Ihnen unangenehm, Nein zu sagen?
- Übernehmen Sie oft die Verantwortung für die Fehler anderer?

- Haben Sie schnell Schuldgefühle?
- Ertappen Sie sich dabei, dass Sie sich oft verteidigen?
- Überlegen Sie sich richtige Ausreden, anstatt klar zu sagen: „Ich habe heute keine Lust"?
- Fühlen Sie sich manchmal/oft als Opfer einer Situation/des Schicksals?
- Können Sie sich gut durchsetzen?
- Wenn nicht, woran liegt es?
- Möchten Sie sich nicht unbeliebt machen, können Sie nicht gut argumentieren?
- Denken Sie oft, andere könnten mehr für Sie tun?
- Sagen Sie deutlich, was Sie wollen, oder erwarten Sie, dass andere um Ihre Wünsche wissen?
- Verlieren Sie schnell die Nerven, fühlen Sie sich leicht gestresst?
- Können Sie gut Entscheidungen fällen?
- Fällt es Ihnen schwer, Dinge loszulassen, sich ganz zu entspannen?

Gesundheitliche Situation:

- Sind Sie gesund?
- Fühlen Sie sich fit?
- Haben Sie chronische Erkrankungen?
- Bekommen Sie leicht eine Erkältung, oder haben Sie oft Kopfschmerzen? Sind Sie überhaupt häufig unpässlich?
- Müssen Sie regelmäßig Medikamente einnehmen?
- Was tun Sie für Ihre Gesundheit (bewusstes Essen, Vitamine, Entspannung)?
- Haben Sie Übergewicht, oder sind Sie nur mit Ihrer Figur nicht zufrieden?
- Haben Sie ein positives Verhältnis zu Ihrem Körper?
- Treiben Sie Sport? Wenn ja, welchen und wie oft?
- Wie werden Sie charakterisiert von Ihrem Partner, von der Familie, von Freunden und Kollegen?
- Sehen Sie sich auch so?
- Was ist das Wichtigste in Ihrem Leben?
- Welches Lebensmotto haben Sie?

Resümee:

- Was ist wirklich gut in meinem Leben?
- Was könnte verbessert werden?
- Was muss verbessert werden?
- Wie gehe ich vor?

Meine augenblickliche persönliche Situation ist:

- sehr gut
- gut
- mittelmäßig
- erträglich
- schwierig
- sehr problematisch

Sie sind Ihr eigener Lebensmanager

Befassen Sie sich ruhig mit jedem Punkt genau, betrachten Sie die einzelnen Aspekte. Verlassen Sie zur Abwechslung einmal Ihren eigenen Standpunkt. Wie sieht die Situation mit anderen Augen betrachtet aus, aus einer anderen Perspektive gesehen – vielleicht der Ihrer besten Freundin, Ihres Mannes, Ihrer Mutter? Seien Sie ehrlich zu sich selbst! Ist Ihre Partnerschaft okay, nehmen Sie sich Zeit für Freunde, fühlen Sie sich an Ihrem Arbeitsplatz wirklich wohl, können Sie gut mit dem zur Verfügung stehenden Geld auskommen?

Vielleicht ist Ihnen vor lauter Hektik oder Alltagstrott gar nicht bewusst, wo Sie heute stehen und in welchen Bahnen Ihr Leben eigentlich verläuft. Haben Sie bisher überhaupt mitgemischt in Ihrem Leben, oder sind Sie zufällig dort, wo Sie sich jetzt befinden? Das ist ein Gedanke, dem Sie ruhig ein wenig mehr Beachtung schenken sollten. Denn die Schlussfolgerung ist einfach: Sie sind verantwortlich für Ihr Leben – ob Sie es wollen oder nicht. Sind Sie sich dessen bewusst, ist es leichter, die Verantwortung für alles, was Sie tun, zu übernehmen. Das Wissen, dass Sie Ihr Glück selbst in der Hand haben, eröffnet Ihnen Chancen, an die Sie möglicherweise bisher noch gar nicht gedacht haben. Sie können viel mehr bewirken, können einwirken auf das, was wir so gerne Schicksal nennen; Sie können Ihr Leben eigenverantwortlich managen.

Wie wichtig es ist, Entscheidungen zu treffen und dann die entsprechenden Dinge zu tun, zeigt das Ergebnis einer Telefonaktion, die die Wissenschaftler Thomas Gilovich und Victoria Husted Medvec durchführten. Die Frage lautete, was am meisten bedauert wird: Fehlentscheidungen getroffen zu haben oder Dinge überhaupt nicht getan zu haben. Drei Viertel der Befragten bedauerten, etwas nicht getan zu haben. Nutzen Sie deshalb Ihre Chancen, stehen Sie zu Fehlentscheidungen, und Sie brauchen dann wenigstens nicht verpassten Gelegenheiten nachzuweinen. Vergessen Sie nicht: Wer nichts tut, kann auch nichts falsch machen – außer dass er sein Leben verpasst.

Ausgehend von Ihrer momentanen Situation wollen wir nun nach vorn, in die Zukunft blicken.

Der zweite Schritt: die Zielsetzung

Persönlich:

Zum Beispiel die Partnerschaft pflegen, zwei Kinder bekommen, Heirat, Scheidung, einen größeren Freundeskreis aufbauen, mehr Zeit für sich selbst haben, alles besser organisieren.

Notieren Sie nicht mehr als fünf Ziele.

Beruflich:

Was wollen Sie erreichen? Je exakter Ihre Vorstellung ist, desto besser können Sie an der Realisierung arbeiten.

Entwerfen Sie einen Stufen-/Zeitplan. Zwei Beispiele: Sie sind Direktionssekretärin und möchten in zwei Jahren Vorstandssekretärin, dann Assistentin des Vorstands werden. Oder: Sie sind Büroleiterin und möchten sich – in etwa drei Jahren – mit einem Schreibbüro selbstständig machen.

Notieren Sie Ihre Ziele.

Finanziell:

Wohnungskauf, Gehaltserhöhung, mehr Geld für den Urlaub sparen, eine bessere Finanzplanung machen, keine Frustkäufe mehr tätigen, weniger/mehr Versicherungen abschließen etc.

Notieren Sie Ihre Hauptziele.

Psychisch:

Zum Beispiel ruhiger und gelassener werden, sich besser beherrschen können, öfter Nein sagen, mehr an sich selbst denken, Rücksicht auf andere nehmen, Schuldgefühle abbauen etc.

Notieren Sie Ihre Hauptziele.

Gesundheitlich:

Mehr Sport treiben (welchen?), den Alkoholkonsum reduzieren, mit dem Rauchen aufhören etc.

Auch hier werden die Hauptziele notiert.

Schreiben Sie jetzt Ihre Ziele auf ein Extrablatt, und setzen Sie jeweils Termine fest, wann Sie was erreicht haben möchten bzw. wann Sie mit der Aktivität beginnen wollen: Wann fangen Sie an mit Ihrem Sportprogramm, wann wollen Sie eine Gehaltserhöhung (bzw. wann müssen Sie anfangen, die entsprechenden Gespräche zu führen)?

Anhand Ihrer Aufstellung sehen Sie jetzt schwarz auf weiß, wohin Ihr Weg gehen soll. Nun sind Sie dran, Ihre Vorstellungen zu verwirklichen. Das ist der schwierigste Part, aber auch der lohnendste! Dieses Buch will Ihnen Tipps und Anregungen dazu geben. Natürlich ist es unmöglich, allgemein gültige Richtlinien für berufstätige Mütter aufzuzeigen, denn jede Situation ist einzigartig. Ich möchte Ihnen aber anhand von Beispielen zeigen, dass es sicherlich viel mehr Möglichkeiten gibt, als Sie sich bisher vorgestellt haben, Ihre Situation nicht nur zu bewältigen, sondern auch das Schöne daran zu erkennen und zu genießen. Gehen Sie mit Zuversicht in diese Lebensphase!

III. Wie verwirkliche ich meine Ziele?

Etwa 80 % der jungen Leute haben heute den Wunsch nach einer eigenen Familie, und für über 90 % von ihnen sind Kinder ein wesentlicher Faktor im Leben. Dennoch klafft zwischen Wunsch und Wirklichkeit eine große Lücke: Mehr als die Hälfte aller Paare möchten zwei und mehr Kinder, aber nur ein Viertel realisiert diesen Wunsch. Ein Hauptgrund liegt in der Problematik der Vereinbarkeit von Familie und Beruf, aber auch in der Tatsache begründet, dass mit einem Kind alles leichter zu managen und zu organisieren ist als mit zwei Kindern. Auch wenn die Herren der Schöpfung sich heute verbal mehr für die Familie engagieren: Wenn es dann so weit ist und sie in die Verantwortung genommen werden könnten, passen die meisten.

Solange junge Paare kinderlos sind, klappt es ja noch ganz gut mit der Aufgabenteilung. Kaum aber ist Nachwuchs da, steckt die junge Frau zurück.

Sie sind mit Ihrem Problem nicht allein: In jeder dritten Familie mit Kindern unter drei Jahren sind beide Eltern berufstätig; mit zunehmendem Alter der Kinder erhöht sich der Anteil sogar auf fast 50 %. Seit 1950 hat sich die Zahl der berufstätigen Frauen mit Kindern verdoppelt. Das ist ein eindeutiger Trend.

Wenn also so viele Frauen es schaffen, Job und Kids unter einen Hut zu bekommen, dann können Sie das auch! Stellen Sie sich vor: Jeden Tag lösen bei uns etwa sieben Millionen Menschen – oft auf eine ganz unkonventionelle Weise – das Problem. Also warum sollten Sie das nicht auch können?

Je eher Sie sich mit der neuen Situation auseinander setzen, desto besser ist es. Je genauer Sie wissen, welche Hilfen Sie in Anspruch nehmen können, wo Sie praktische Unterstützung erfahren und wo Sie Rat einholen können, desto leichter werden Sie alles in den Griff bekommen.

Auf die Einstellung kommt's an!

Bevor überhaupt Probleme auftauchen, sollten Sie sich erst einmal selbst beglückwünschen zu Ihrem Entschluss: Einstieg in die Mutterschaft ohne Ausstieg aus dem Beruf. Nichts spricht dagegen, dass Sie voller Optimismus in diese Lebensphase gehen. Vieles wird sich ändern oder hat sich schon geändert. Ganz andere, neue Erfahrungen bereichern Ihr Leben. Job und Kind bedeuten nicht automatisch Verzicht auf Lebensqualität oder Abschied von einem besseren Leben. Es bedeutet lediglich Veränderung, was zunächst einmal ja wertneutral ist. Wie Sie persönlich diese Lebensphase sehen, liegt allein an Ihnen. Denken Sie an das simple Beispiel des halb leeren bzw. des halb vollen Glases. Am Glasinhalt ändert sich dadurch nichts, nur am Genuss und der (Vor-)Freude. Natürlich gibt es Einschränkungen, muss auf das eine oder andere (zumindest zeitweise) verzichtet werden. Aber Sie werden auch reicher: Ihr Leben bekommt einen anderen Sinn. Es gibt auch viel Neues – vor allem einen neuen Erdenbürger Marke Eigenbau! Und nicht zu vergessen: Es gibt etwas, was Ihnen ein Job nie geben kann, da mögen Sie noch so top, so clever und erfolgreich sein: nämlich ein eigenes Kind! Genießen Sie deshalb bewusst Ihre Schwangerschaft, freuen Sie sich von ganzem Herzen auf Ihr Baby, und lassen Sie sich nicht verunsichern. Alles lässt sich meistern, und zwar am besten mit einer positiven Grundeinstellung. Sehen Sie in Ihrem Kind eine Belastung für Ihr Leben, dann wird es Sie auch eher belasten; betrachten Sie Ihr Kind als eine Bereicherung, dann wird Ihr Leben reicher!

Eine positive Einstellung allein genügt natürlich nicht, um die großen Veränderungen, die nun anstehen, zu bewältigen. Eine Menge Fragen sind zu klären, Vorbereitungen zu treffen, Informationen müssen eingeholt werden. Plötzlich sind Sie nicht mehr mit dem neuesten Modetrend befasst, blättern nicht mehr in Hochglanzmagazinen, sondern abonnieren Hefte mit Eltern-Kind-Themen. Anstatt die letzten Aktienkurse zu verfolgen, studieren Sie jetzt Testhefte , um die besten Windeln und den praktischsten Kinderwagen zu finden. Anstelle des neuen Sportwagens, den Sie dieses Jahr bestellen wollten, begutachten Sie Prospekte von sicheren und bequemen Familienwagen. Wichtiger als die Anzahl der PS ist nun die Frage, ob das ganze Gepäck inklusive Kinderwagen in den Kofferraum passt. Und auch in der Wohnung, im Haus wird umstrukturiert: Das Arbeitszimmer wird umfunktioniert, der Schreibtisch in die Ecke der Diele ausgelagert, ein Wäschetrockner bestellt.

Jetzt geht es nicht mehr darum: Wie bringe ich dem Chef bei, dass ich mehr Geld will? Nein, jetzt heißt es: Wie bringe ich ihm bei, dass ich pausiere, dass ich nicht mehr jederzeit bis spätnachts an der eiligen Präsentation mitarbeiten kann, vielleicht sogar mal kurzfristig wegen Baby-Unpässlichkeiten zu spät oder auch mal gar nicht ins Büro kommen kann? Zudem muss eine neue Haushaltskalkulation erstellt werden. Wenn auch das Kind klein ist, die Kosten sind es nicht!

Es gibt viele Punkte zu bedenken, die wir in drei Hauptbereiche einteilen können:

1. Psychisch-seelische Aspekte
2. Organisatorische Aspeke
3. Finanzielle Aspekte

Mutter ist die Beste

Das ist sie aber nur, wenn sie das tut, was viele auch heute noch von ihr erwarten: sich für die Kinder aufopfern! Ob Helga, Eva oder Ursula, es gibt kaum eine Frau, die diese Erfahrung nicht gemacht hätte: Ohne Schuldgefühle geht's fast nicht. Man möchte meinen, der Dritte im Bund – neben dem Kind und dem Job – ist das schlechte Gewissen. Jede Mutter kennt sie, die Angst davor, als Rabenmutter bezeichnet zu werden und sich vielleicht sogar als solche zu fühlen. „Eine Mutter hat immer für ihr Kind da zu sein; eine gute Mutter ist selbstlos; ihre Lebensaufgabe ist die Aufzucht des Nachwuchses." So oder ähnlich macht sich das schlechte Gewissen dann bemerkbar. Bereitet ein Kind Probleme, ist es Bettnässer, lügt es, knabbert es an den Nägeln oder beißt den Hund, dann heißt es – trotz gegenteiliger wissenschaftlicher Erkenntnisse – schnell, dass die böse Mutter ja wegen ihres Jobs keine Zeit für das Kind habe und deshalb die Schuld an der Entwicklung des Kleinen trüge. Weil sie keine Zeit für das Kind hat, müsse es eben mit Lügen auf sich aufmerksam machen. Dass eine

Frau top im Job und super als Mutter sein kann, wollen viele nicht wahrhaben.

Es ist inzwischen aber längst bewiesen, dass selbst kleine Kinder keine Rund-um-die-Uhr-Versorgung durch die Mutter brauchen, um sich gut zu entwickeln. Eine zwei Jahre dauernde Studie ergab, dass 57 % der Kinder, die von Tagesmüttern betreut werden, sich gut entwickelt hatten – im Gegensatz zu jenen Kindern, die allein von ihrer Mutter betreut wurden. Hier waren es nur 39 %! Zielsetzung der Studie war, herauszufinden, ob Kinder, die von ihrer Mutter und einer Tagesmutter betreut werden, in ihrer Entwicklung Schaden nehmen. Doch das Gegenteil wurde bewiesen. Entscheidend ist nicht die Anzahl der gemeinsam verbrachten Stunden, sondern die Qualität der Beziehung zwischen Mutter und Kind. Ist diese gestört, können Konflikte nicht richtig gelöst werden, und die Kinder können sich nicht frei entwickeln. Es entstehen Aggressionen sowie eine unnatürliche Abhängigkeit von der Mutter. Einer anderen Untersuchung zufolge kümmern sich berufstätige Mütter qualitativ besser um ihre Kinder. Solche Kinder sind auch verantwortungsbewusster. Zurückzuführen ist dies darauf, dass Frauen, die etwas für sich selbst tun, die neben der Familie auch eigene, andere Interessen haben, ihren Kindern mehr geben können. Statistiken zeigen uns, dass berufstätige Frauen kaum weniger Zeit mit ihren Kindern verbringen als nicht berufstätige Mütter. Kinder von berufstätigen Müttern haben mehr Freiraum für ihre eigene Entwicklung, sind selbstsicherer, selbstständiger und auch unabhängiger als andere Kinder.

Aber die Ausrottung ungerechtfertigter Schuldzuweisungen dauert länger als die Produktion eines neuen Menschen; der Mutter-Mythos hat sich tief in unser Bewusstsein eingegraben und hält sich hartnäckig. Gerade unsere Mitmenschen, die – aus welchen Gründen auch immer – keine Kinder haben, sind besonders schnell in ihrer Einschätzung und Verurteilung einer berufstätigen Mutter. Oft sind es aber auch Frauen, die wegen der Kinder auf den Beruf verzichtet haben und nun ihren Frust über die eigene Situation durch solche Anschuldigungen kaschieren. Nehmen Sie Menschen, denen sorglos derartige Schuldzuweisungen über die Lippen kommen, am besten gar nicht ernst. Schauen Sie einmal hinter die Fassade – von wem kommen diese Vorwürfe? Und vergessen

Sie nie: Negative Argumente können nur dann eine Wirkung haben, wenn man sie akzeptiert. Lassen Sie sich von Leuten, die nicht einmal ihre eigenen Probleme lösen können, nicht Ihr Leben vermiesen oder etwas einreden, was nicht stimmt. Denken Sie daran, dass jeder das Recht hat, sein Leben nach seinen Vorstellungen zu gestalten, solange niemand darunter leidet. Allein durch die Berufstätigkeit seiner Mutter trägt ein Kind noch keinen Schaden davon. Schauen Sie sich doch einmal die so genannten Problemkinder an. Sehr viele Mütter dieser Kinder sind nicht berufstätig – sind sozusagen hauptberufliche Mütter – und nur für die Kinder da! Als eindeutiger Segen für ein Kind hat sich das nicht in jedem Fall erwiesen. Wie viele neurotische, problembeladene „Nur-Mütter" gibt es, die ihren Kindern nicht einmal die Luft zum Atmen lassen, geschweige denn Raum zu einer halbwegs natürlichen Entfaltung ihrer Fähigkeiten. Die Fixierung allein auf den Nachwuchs ist nicht gerade förderlich für dessen Entwicklung. Kinder berufstätiger Mütter leiden sicherlich ab und zu darunter, dass ihre Mutter nicht immer genügend Zeit und Muße hat, aber fast alle betonen, wie sehr sie es genießen, nicht ständig unter Aufsicht zu stehen, das Gefühl von mehr Freiheit zu haben und auch verantwortlich zu sein, für „voller" genommen zu werden als die reinen Mutter-Kinder. Hinzu kommt ein weiterer positiver Aspekt. In den heutigen Kleinfamilien mit meist nur einem Kind ist es ein wahrer Segen, wenn Einzelkinder zusammen mit anderen Kindern aufwachsen. Sie lernen mit den anderen richtig umzugehen und können sich leichter in Gemeinschaften und Teams einordnen.

„Aber vielleicht leidet das Kind ja doch, wenn ich nicht immer erreichbar bin, wenn ich es zur Oma, einer Tagesmutter oder in den Kindergarten gebe?", mögen Sie jetzt vielleicht einwenden. Wenn Sie es nicht übertreiben, dann haben Sie keine seelischen Schäden Ihres Kindes zu befürchten. Wenn Ihr Baby in den ersten Monaten noch eine weitere Bezugsperson hat, so ist das gar kein Problem für das Kind. Es gibt natürlich immer einmal Phasen, in denen es schwieriger ist, eine neue Vertrauensperson einzuführen. Mehr Geduld und Verständnis ist in diesen Zeiten unerlässlich, aber mit Liebe, Geduld, guten Nerven und – besonders wichtig! – frei von Selbstvorwürfen und Schuldgefühlen haben Sie die besten Chancen.

Nur keine Angst!

Angst ist meist ein ziemlich diffuses Gefühl. Meist haben wir Angst vor dem Unbekannten, vor dem Neuen. Das ist ganz normal, denn alles, was wir kennen, können wir einordnen, haben wir im Griff, können wir managen. Unbehagen bereitet uns jedoch das, was wir nicht kennen und was wir nicht genau einschätzen können.

Irma ist eine patente Frau, die jede Lebenslage easy meistert. Umso erstaunter ist nicht nur ihr Umfeld, sondern sie selbst, dass sie plötzlich Angst bekommt vor der eigenen Courage: den stressigen Job beibehalten und ein Kind aufziehen zu wollen. Die unbekannte Größe – das Kind – verunsichert sie. Und das, obwohl Irma sich vollgestopft hat mit allen möglichen Infos über die Entwicklung des Kleinkindes und um sämtliche Kinderkrankheiten weiß, bevor sie ihr Kind überhaupt das erste Mal im Arm hält. Sie weiß genau, wie viel das Baby zunehmen soll, was beim Zahnen, bei Bauchweh und nächtlichen Schlafstörungen das Beste ist – zumindest laut ihrer diversen Ratgeber. Aber all das beruhigt sie nicht. „Alles nur Theorie", meint sie. Doch wie wird die Praxis aussehen? Wenn bei ihrem Kind der Fencheltee nicht wirkt, wenn dieses oder jenes nicht klappt – nicht auszudenken! Irma sieht eine Katastrophe nach der anderen auf sich zukommen. Die Angst wächst, eine Fehlentscheidung getroffen zu haben, Angst, es nicht zu schaffen, Angst, auf der Strecke zu bleiben, dem Kind nicht das geben zu können, was es braucht oder im Job nachzulassen, nicht mithalten zu können und auf dem Abstellgleis zu landen. Wäre sie nicht schwanger, Irma würde zu Psychopharmaka greifen, so sehr setzt ihr die Angst zu. Je mehr sie sich mit diesen destruktiven Gedanken befasst, desto schlimmer wird es, desto schlechter geht es ihr.

Sehen wir doch einmal das Positive an der Situation. Der Mensch wächst mit den Problemen. Lassen Sie sich nicht unterkriegen! In Ihnen steckt mehr, als Sie denken. In einer schwierigen Situation nicht verzweifeln, nicht nur Probleme wälzen, sondern konstruktiv – in Lösungen – denken: das hilft Ihnen weiter. Wenn Sie erkennen, dass Ihre Methode nicht die richtige ist, dann können Sie so weitermachen, bis Sie fix und fertig sind. Sie können aber auch Ihre Strategie ändern und so eine Veränderung bewirken. Sie sind weder Opfer Ihrer Situation, noch liegt die Schuld (allein) bei Ihnen. Denken Sie in Lösungen. Überlegen Sie, bevor die Katastrophe kommt, was Sie tun könnten, wenn… Dies können Sie als ein einfaches Gedankenspiel praktizieren. Was tun, wenn die Tagesmutter ausfällt, der Partner ins Ausland versetzt werden soll, die Firma bankrott geht? Nichts von all dem muss eintreten, aber wenn etwas passiert, trifft es Sie nicht unvorbereitet. Außerdem halten solche Gedanken den Geist fit. Fragen Sie andere, wie sie mit Problemen umgehen, wie sie das Chaos ein wenig entschärfen. Trainieren Sie Ihre Fähigkeiten, schulen Sie Ihre innere Kraft.

Nicht mehr nur für sich (und den Partner) denken zu müssen, nicht mehr nur für einen oder zwei Erwachsene zu planen und zu organisieren, sondern mit einem winzigen Menschlein allein dazustehen – bei dieser Vorstellung kommt trotz aller Freude auch Unsicherheit auf. Es ist meist nicht die Angst vor der konkreten Situation, die uns nach und nach beschleicht, sondern eher ein Gefühl wachsender Unsicherheit. „Wenn ich das Kind nicht richtig verstehe, es nicht richtig behandle…“ – die Folgen erscheinen uns katastrophal. Auch hier sind Sie nicht allein. Täglich bringen Tausende von Frauen Kinder unter ganz anderen Umständen zur Welt – ohne medizinische Versorgung, ohne Hilfe, ohne vorbereitende Kurse und Fachlektüre, in Wellblechbaracken oder unter freiem Himmel. Mit Verwunderung sehen wir oftmals im Fernsehen, wie in den entlegensten Gebieten der Welt Frauen mit großer Gelassenheit und Selbstverständlichkeit mit Neugeborenen und Kleinkindern umgehen. Sie folgen ganz einfach dem normalen Instinkt, den jede Frau hat. Haben Sie mehr Vertrauen zu sich selbst! Sie werden spüren, was gut ist für das Baby, und Sie werden das Richtige tun – ganz automatisch.

Auch Uta erinnert sich noch gut daran, dass sie ab und zu von plötzlichen Panikattacken geplagt wurde. Horrorvisionen stiegen in ihr auf. Wie sollte sie, eine Frau, die mit dem Haushalt nie etwas am Hut hatte, plötzlich ein Baby verstehen, das ja nicht sprechen kann? Uta, die Kopf-Frau, die beste Rhetorikerin in der Firma, die mühelos die Kollegen mit ihren Argumenten schachmatt setzte, aber in Gefühlsdingen völlig hilflos war, ergriff die nackte Angst, wenn sie sich vorstellte, ein kleines

Bündel Mensch vor sich zu haben, das nicht in Worten mitteilen konnte, was es wollte. Die Freundinnen lächelten nur milde, wenn sie hysterisch – ein völlig unbekannter Zug an dieser sonst so beherrschten Frau – anrief. „Du kannst das schon", war der lapidare Kommentar. Und tatsächlich – Uta konnte es. Sie hielt den kleinen Rainer zum ersten Mal im Arm – und alle Angst war verflogen.

Anti-Angst-Strategien

Wenn Sie Angst haben, dann verdrängen Sie dieses Gefühl nicht. Steigern Sie sich aber auch nicht hinein, sondern schalten Sie rigoros den Verstand ein.

Angst ist destruktiv. Angst macht nichts besser, sondern alles nur schlimmer. Lassen Sie die Angst gewähren, dann breitet sie sich immer mehr in Ihrem Leben aus. Mit der Folge, dass Sie immer ängstlicher und immer verkrampfter werden. Angst lähmt, schränkt ein und bewirkt, dass genau das eintritt, wovor man Angst hat. Vor lauter Angst, keinen Fehler zu machen, begeht man einen Fehler nach dem anderen. Denn man ist innerlich nicht mehr frei, sondern ein Gefangener seiner eigenen destruktiven Gedanken.

Sagen Sie laut „Stopp", wenn sich Angst in Ihre Gedanken einzuschleichen versucht. Sehen Sie das Positive, die Herausforderung, und machen Sie sich bewusst, dass Sie etwas Einmaliges und Wundervolles erleben werden.

Gehen Sie mit Freude in diesen neuen Lebensabschnitt. Stellen Sie sich vor, wie Sie mit Ihrem Kind spazieren gehen, wie Sie sich fühlen, wenn es Sie zum ersten Mal bewusst ansieht.

Wenn Sie aber merken, dass Sie immer ängstlicher werden oder große Angst vor der Zukunft bekommen, dann verfolgen Sie eine Anti-Angst-Strategie. Hier einige Beispiele:

1. Sprechen Sie mit Frauen, die gut mit Job und Kids zurechtkommen.
2. Suchen Sie bewusst die Gesellschaft optimistischer Menschen. Machen Sie einen großen Bogen um die Menschen, deren Hauptgesprächsthemen Bedenken, Katastrophen und Krankheiten sind. Sagen Sie „Stopp", wenn in Ihrer Gegenwart Geschichten von Misserfolgen

etc. überhand nehmen – oder gehen Sie einfach fort. Aufbauende Gespräche und konstruktive Gedanken – das brauchen Sie jetzt ganz besonders. Was Sie dagegen nicht brauchen, sind notorische Schwarzseher und berufsmäßige Pessimisten!

3. Atmen Sie die Angst weg. Das können Sie im Stehen, Sitzen oder Liegen tun – überall. Atmen Sie ganz tief ein, legen Sie die Hände auf den Bauch, damit Sie spüren, wie sich die Bauchdecke wölbt. Jetzt atmen Sie ganz langsam aus und spüren dabei, wie alles Belastende mit Ihrem Atem Ihren Körper verlässt. Atmen Sie ruhig und tief ein, spüren Sie die Ruhe, die Sie einatmen. Spüren Sie, wie diese Ruhe sich immer mehr in Ihnen ausbreitet. Mit jedem Ausatmen fühlen Sie sich leichter und unbeschwerter.

4. Finden Sie für sich persönlich eine Vorstellung, die Sie beruhigt, die positive Gefühle in Ihnen erweckt. Erinnern Sie sich beispielsweise an eine schöne Situation: den romantischen Abend mit Ihrem Partner, den letzten Urlaub oder einfach nur an den Anblick des Meeres; hören Sie das Rauschen, und spüren Sie dessen beruhigende Wirkung. Wann immer die Angst auftaucht, rufen Sie sich dieses Bild ins Gedächtnis und konzentrieren sich auf die positiven Gefühle, die Sie damals empfanden. Sie werden spüren, wie diese Vorstellung Ihnen Ruhe und Kraft vermittelt.

Oder erinnern Sie sich an bestimmte Situationen in Ihrem Leben, in denen Sie völlig unbegründet Angstgefühle hatten. Beispielsweise vor dem entscheidenden Examen, das Sie spielend gemeistert haben; vor Ihrer Ehe, die trotz ihrer unterschiedlichen Charaktere so stabil geworden ist; vor dem Umzug ins Ausland, wo Sie sich dann so wohl gefühlt haben.

5. Wissen ist der Feind der Angst. Je mehr Sie sich mit allen Fragen befassen, die jetzt und in Zukunft auf Sie zukommen werden, desto sicherer werden Sie. Arbeiten Sie mit Listen, informieren Sie sich über alle Möglichkeiten, die es gibt – auch wenn Sie glauben, dass vieles für Sie überhaupt nicht in Frage kommt. Diese wissensmäßige Aufrüstung ist ein gutes Bollwerk gegen Angstgefühle. Auch Gedankenspiele wie „Was wäre, wenn …?“ sind Angst-Killer und geben Ihnen Sicherheit und Zuversicht.

6. Steigern Sie sich nicht in die Angst hinein. Lenken Sie sich ab, tun Sie etwas, sprechen Sie mit jemandem, rufen Sie Leute an, gehen Sie aus, beschäftigen Sie sich – alles ist erlaubt, nur keine destruktiven Gefühle!
7. Sprechen Sie mit Ihrem Arzt oder Ihrer Ärztin, wenn Angst zu einem echten Problem wird. Es muss nicht immer Chemie sein, was er oder sie Ihnen verschreibt. Auch Bach-Blüten, Aromatherapie, pflanzliche und homöopathische Mittel verhelfen zur Ruhe und Sicherheit.
8. Haben Sie vor ganz konkreten Situationen Angst, dann sprechen Sie mit einem Fachmann oder einer Fachfrau. Viele Sorgen sind unbegründet, und für reale Ängste gibt es Lösungen.

Haben Sie die Kraft, Ihre Ziele zu erreichen?

Befassen Sie sich intensiv mit sich selbst. Welcher Typ sind Sie, wie ist Ihr Lebensgefühl? Wo liegen Ihre Stärken, wo haben Sie Schwächen?

Checkliste Lebensgefühl

- Wie ist Ihre Beziehung zu anderen Menschen?
- Fühlen Sie sich oft einsam, haben Sie viele Freunde, sind Sie kontaktfreudig?
- Haben Sie Freude am Leben?
- Was macht Ihnen am meisten Freude?
- Haben Sie Zeit für schöne Dinge, oder leiden Sie ständig unter Zeitdruck?
- Wie ist Ihr Gesichtsausdruck (fröhlich, abgespannt, deprimiert etc.)?
- Zeigen Ihre Mundwinkel nach oben?
- Wie ist Ihr Liebesleben?
- Wie ist Ihre Grundstimmung?
- Können Sie gut mit Kindern umgehen?
- Sie gehen jetzt in einen neuen Lebensabschnitt: Job und Kind. Wie wird das ablaufen? Schaffen Sie es leicht, oder werden Sie mit vielen Schwierigkeiten zu kämpfen haben?

- Wie wird Ihr Umfeld reagieren, wenn Sie sagen, dass Sie trotz Kind nicht aufhören zu arbeiten? Positiv, negativ oder neutral?
- Welches waren Ihre letzten drei wichtigen Vorhaben?
- Was ist aus den Vorhaben geworden?
- Wie viele davon haben Sie realisiert?
- Wie viele sind auf der Strecke geblieben und warum?
- Belastet es Sie, dass andere – Ihr Partner, Kollege etc. – Mehrarbeit leisten müssen, weil Sie bedingt durch das Baby weniger tun können?
- Wenn man Ihnen Egoismus vorwirft, beginnen Sie dann an sich zu zweifeln?
- Sind Sie leicht zu beeinflussen?
- Wie werden Sie sich in einem Jahr fühlen?
- Sind Sie überzeugt davon, dass Sie Job und Kind miteinander vereinbaren können?
- Glauben Sie, dass Ihr Kind stolz ist auf seine berufstätige Mutter?
- Ist Ihr Mann stolz auf Sie?
- Welches sind Ihre drei Hauptcharaktereigenschaften?
- Wo liegen Ihre Schwächen?
- Können Sie mit Ihren Schwächen umgehen bzw. was können Sie verbessern?
- Wo liegen Ihre Stärken?
- Sind Sie konsequent?
- Sind Sie mit Ihrem Leben zufrieden?

Anhand dieser Fragen können Sie leicht feststellen, wie es um Sie steht. Sind Sie mit sich nicht so ganz zufrieden? Macht nichts. Erkennen Sie, woran es liegt! Oft ist es mangelndes Selbstvertrauen, das uns zögern und zaudern lässt. Erinnern Sie sich an Erfolge, die Sie ganz allein geschafft haben. Es kann auch sein, dass Sie zwar etwas möchten, dass aber nach einiger Zeit Ihre Energie nicht mehr reicht. Auch hier hilft Ihnen das bewusste Erinnern an frühere Erfolge.

Das Leben ist Veränderung. Setzen Sie an den Schwachpunkten an. Fehlt es Ihnen an Selbstbewusstsein, an Ausdauer, sind Sie vielleicht nicht richtig motiviert, oder liegt es daran, dass Sie sich nicht durchsetzen können? Ursache erkannt – Gefahr gebannt!

Lassen Sie los, was Sie belastet – Sie brauchen das nicht. Was Sie allerdings brauchen, ist Freude am Leben, denn dann haben Sie die Kraft, um Ihre Ziele zu erreichen.

Time is money – nicht mehr ganz

Vieles wird sich ändern, wenn aus einem Paar eine Familie wird. Das ganze Leben wird umgekrempelt. Das fängt bei der Wohnung an und hört bei der Urlaubsplanung für die nächsten Jahre auf. Veränderung bedeutet aber nicht automatisch Verzicht, vorausgesetzt, frau geht nicht unvorbereitet in diesen Lebensabschnitt. Wer sich rechtzeitig auf die Veränderung einstellt, der gerät nicht unter die Räder. Wer vorausdenkt und -plant und nicht erst mit seinen Überlegungen beginnt, wenn es „so weit" ist, weiß, worauf man ganz oder zum Teil verzichten kann und was man unbedingt beibehalten möchte. Wer diese Vorarbeit nicht leistet, lässt sich auf ein Abenteuer ein, bei dem chaotische Zustände zur Tagesordnung gehören. Aber es soll ja Leute geben, die mögen es nicht anders...

Sonja, nicht nur jobmäßig ein Planungsprofi, hat systematisch auch das „neue" Leben, wie sie es nannte, geplant. Nichts geht ohne Papier, ohne Listen – das ist vielleicht etwas aufwendig, aber sehr produktiv. Sonja machte eine Aufstellung über alle Aktivitäten, die bisher regelmäßig anstanden, wie Fitnessstudio, dreimal Joggen pro Woche, Theaterabo, monatlicher Stammtisch. Auf einem anderen Blatt wurden die Dinge notiert, die ab und zu unternommen wurden, wie die kurzen Schlemmertrips mit Freunden ins Elsass, die unregelmäßigen, aber doch häufigen Fahrten zu den Schwiegereltern aufs Land, die Abende in der Lieblingskneipe etc. Unabhängig vom zeitlichen Rahmen wurde alles notiert, worauf Sonja auf keinen Fall verzichten wollte, wie beispielsweise die Treffen mit den Freunden, Ballettgastspiele bekannter Truppen und auch das Joggen.

Mit solchen Listen lässt sich relativ leicht feststellen, was wirklich wichtig ist, was Sie auf keinen Fall auf die Seite schieben wollen und welche Aktivitäten Sie reduzieren oder unter Umständen sogar ganz aufgeben wollen. Vielleicht bemerken Sie jetzt, dass Ihnen das Fitnessstudio keinen Spaß mehr macht und Sie eigentlich mehr Freude am Jazzdance hätten. Jetzt ist die Gelegenheit, alles neu zu ordnen, gewohnte Bahnen zu verlassen und etwas anderes zu tun. Natürlich wird die Zeit knapper, doch umso wichtiger ist eine gute Planung. Wer die nicht hat, der verzettelt sich, übernimmt sich, und das Leben gerät außer Kontrolle. Was genauso schlimm sein kann: Sie tun dieses und jenes, aber selten das, was Ihnen wirklich etwas bringt, was Ihnen Freude macht. Und dann geht's mit der Lebensqualität schnell bergab.

Ihre Liste könnte folgendermaßen aussehen:

Aktivität	Anzahl	Zeitaufwand	Prioriät
Spanischunterricht	1 x pro Woche	4 Stunden	1
Wirbelsäulengymnastik	2 x pro Woche	2 Stunden	1
Sauna	1 x pro Monat	5 Stunden	4
usw.			

Zeit ist, was man damit macht

Zeit ist sehr wichtig in unserem Leben. Aber was ist Zeit für Sie? Wir teilen unser Leben ein in Zeit-Einheiten. Alles scheint von der Zeit bestimmt zu sein, dabei bestimmen doch wir über die Zeit. Halten Sie einen Moment inne, und fragen Sie sich einmal, was Sie mit Ihrer Zeit tun. Es gibt ge-füllte und er-füllte Zeit. Stress und Hektik sind Ausdruck gefüllter Zeit. Erfüllte Zeit gibt uns Kraft und Ruhe. „Füllen" Sie Ihre Zeit bewusst. Dabei können Ihnen ein paar kleine Tipps helfen:

Machen Sie es sich zur Gewohnheit und sagen jeden Tag mindestens fünf Mal ganz laut „Stopp", gleichgültig, ob Sie gerade im Stau stehen, beim Kochen sind oder dabei sind, vor dem Fernseher einzuschlafen. Atmen Sie tief durch, nehmen Sie sich drei Minuten Auszeit. Entspannen Sie sich – und zwar Körper und Geist. Dann können Sie ruhig weitermachen. Was soll das bewirken? Sie kommen zur Ruhe, können sich sammeln und gefüllte Zeit in erfüllte Zeit umwandeln.

Legen Sie bewusst Pausen ein. Stürzen Sie nicht sofort ans Telefon, wenn Sie vom Job heimkommen, sondern nehmen Sie sich 15 Minuten für sich, zum Abschalten, zum Regenerieren. Vielleicht trinken Sie eine Tasse Tee oder Kaffee oder gönnen sich einen Blick in die Tageszeitung. Schaffen Sie sich Ihre persönlichen Zeit-Stopp-Rituale.

„Ich habe keine Zeit" – das ist eines der am häufigsten verwendeten Argumente und die beliebteste Ausrede. Jeder Mensch hat 24 Stunden Zeit pro Tag – in Afrika ebenso wie in den USA, als Kranker und als Gesunder, als berufstätige Mutter oder als Single-Mann. Wir unterscheiden uns jedoch darin, wie wir den Faktor Zeit betrachten und was wir aus ihm machen. „Die Zeit verfliegt", sagen wir leichthin und merken nicht, dass damit auch unser Leben verfliegt. Stoppen Sie diesen Prozess, machen Sie die Zeit nicht zu Ihrem Gegner, sondern zu Ihrem Verbündeten. Denn Zeit ist Leben.

Die neue Zweisamkeit

Vieles ändert sich auch in Ihrer Beziehung. Ihre Nerven sind strapaziert; Sie werden gereizter, Ihr Partner ebenso. Auch das Leben mit dem Herzallerliebsten verändert sich. Vorbei die spontanen erotischen Stunden, die überraschenden Liebesattacken, das lange geplante romantische Dinner bei Kerzenlicht oder die Frage: „Werfen wir Spaghetti in den Topf, oder gehen wir lieber zum Italiener?" Ihr Partner wird sich vernachlässigt fühlen, denn Ihre Aufmerksamkeit gilt erst einmal überwiegend dem Nachwuchs und dann erst ihm. Unterschwellige Eifersucht wäre da nicht verwunderlich. Doch wer gibt das schon gerne zu?

Aber auch Sie fühlen sich nach den Wochen der Schwangerschaft, in denen Sie allein schon wegen Ihres Bauches überall Aufmerksamkeit und Interesse erregten, nicht mehr so richtig beachtet. Jetzt blickt jeder in den Kinderwagen. „Ach, ist die Kleine goldig!" Das werden Sie jetzt hören, und niemand mehr bemerkt Ihren superschicken Haarschnitt und die neue Farbe. Vielleicht ist es aber auch eine Erleichterung.

Nina hatte es satt, nur noch auf ihren Bauch angesprochen zu werden. Ihre Leistung schien mit zunehmendem Leibesumfang an Bedeutung zu verlieren. Jeder fühlte sich offenbar animiert, von eigenen Erfahrungen oder denen seiner Frau während der Schwangerschaft zu erzählen. Die Welt schien sich nur noch um Schwangere zu drehen. Topfit und leistungsfähig wie immer, fühlte sie sich mehr und mehr an ihrem Arbeitsplatz deplatziert. Überhaupt diese Zuvorkommenheit, als wäre sie krank. Es ging ihr auf die Nerven. Und dann – schlagartig – der rapide Umschwung mit der Geburt des Kindes: „In" ist das Baby, „out" die Mutter. Diese Schockbehandlung locker hinzunehmen, will schon gelernt sein.

Nummer eins, das ist das Baby. Sie und Ihr Partner müssen sich erst mal daran gewöhnen – auch wenn das Kleine noch so süß, liebenswert und problemlos ist. Denn auch dem vernünftigsten Erwachsenen verursacht eine „Rückstufung" ein wenig Herzschmerz. Reduzierte Aufmerksamkeit, kaum Zeit, ein schwaches Nervenkostüm, lieber Tiefschlaf statt Sex – das ist alles normal. Und es hat mit schwindender Liebe zum Partner bzw. einer übergroßen Liebe zum Kind nichts zu tun. Nur wissen müssen Sie und Ihr Partner um diese Veränderungen. Sprechen Sie mit ihm, und zwar rechtzeitig – also bevor alles über sie herein- und über Ihnen zusammenbricht, bevor Missverständnisse entstehen oder der innere Rückzug angetreten wird. Überlegen Sie schon vorher, wie Sie den Partner in das neue Leben integrieren können und wie Ihre Partnerschaft – jetzt zu dritt – gestaltet werden soll. Wie wäre es beispielsweise damit: Lieber bewusst die wenige Zeit intensiv zusammen nutzen als schnell mal ein Quickie, in der Hoffnung, dass das Kind nicht gerade jetzt zu schreien anfängt? Buchen Sie sich einmal einen Tag oder ein ganzes Wochenende in einem schönen Hotel ein, während das Kind von der Oma verwöhnt wird. Davon haben Sie viel mehr als von hastigem Sex unter Stress. Kreativität ist angesagt – auch im Bereich Partnerschaft.

Übrigens: Dass nach der Geburt viele Frauen plötzlich an depressiven Verstimmungen leiden, ist nicht allein auf Überlastung oder Ähnliches zurückzuführen, sondern oft auch auf die enorme Hormonumstellung, die der Körper bewältigen muss. Solche seelischen Tiefs tun Ihnen und Ihrem Umfeld nicht gut und müssen nicht gottergeben hingenommen werden. Sprechen Sie mit Ihrem Arzt. Es gibt Mittel und Wege, auch homöopathischer und pflanzlicher Art, um besser damit fertig zu werden.

Betriebsstätte Haushalt: neue Regeln

Nicht nur das Zusammenleben ändert sich. Nun ist der Partner verstärkt gefragt – und zwar mit Taten. Vielleicht hat sich der Mann Ihres Herzens bisher mehr oder weniger elegant vor den niederen Arbeiten im Haushalt gedrückt. Argumente dafür gibt es so reichlich wie Männer: er hat kein Talent, keine Zeit, der Beruf hat Priorität, er ist zu müde etc. Wir kennen sie alle, diese Ausreden, und haben vielleicht bisher viel mehr für das gemeinsame Zusammenleben getan, als eigentlich vereinbart und abgesprochen war. Vielleicht haben Sie aber auch noch nie so richtig Ihre Ansprüche auf Unterstützung zu Hause angemeldet, haben vielleicht Mitleid mit seinen tollpatschigen Hilfsversuchen gehabt oder sich einfach um des lieben Friedens willen alles aufbürden lassen.

„Bevor ich lange rede, bevor ich Heinz hundertmal daran erinnern muss, tue ich es lieber selbst. Das kostet mich weniger Nerven", argumentiert Sally. Aber nun geht das nicht mehr, denn Haushalt und Job sind schon mehr als genug für einen – vorausgesetzt, es gibt zwei Haushaltsmitglieder, die davon profitieren. Jetzt aber sind Sie zu dritt. Wollen Sie immer noch lieber alles selber machen, weil Ihr Bester keine Zeit oder kein Geschick hat? Dann herzlichen Glückwunsch! Wenn Sie nicht zu den Glücklichen zählen, bei denen Haus- und Kindermädchen diese Aufgaben übernehmen, ist es höchste Zeit, vor der Geburt Ihres Kindes genau zu klären, wie der Haushalt gemanagt wird. Männer, für die berufstätige Frauen etwas Selbstverständliches sind, haben meist auch gegen die Berufstätigkeit einer Mutter nichts einzuwenden. Die meisten von ihnen sagen – zumindest vorher – , dass sie sich darüber im Klaren sind, dass ihr Typ nun vermehrt in Sachen Hausarbeit gefragt ist, unter Umständen auch mit Auswirkungen auf den Job. Wenn es aber dann zur Sache geht, wird frau mit den tollsten Ausflüchten konfrontiert. Auf die Frage, ob sie aus familiären Gründen beruflich zurückstecken würden, antworten 66 % der Männer und 68 % der Frauen mit Ja. In der Tat sieht es aber so aus, dass nur 10 % der Männer, jedoch 58 % der Frauen für Haushalt und Familie zuständig sind.

Klären Sie also rechtzeitig, wie Haushalt und Familie organisiert werden müssen, damit Sie beide Beruf und Kind miteinander vereinbaren können. Machen Sie Ihre Ansprüche an Ihren Partner rechtzeitig geltend, und legen Sie alles genau fest! Nach einer Repräsentativumfrage zum Thema „Gleichberechtigung von Frauen und Männern" ist die traditionelle Aufgabenteilung auch heute noch weit verbreitet: Hausarbeit wird immer noch überwiegend von Frauen geleistet, egal ob berufstätig oder nicht, ob mit oder ohne Kind. Die Organisation von Haushalt und Familie muss genau abgesprochen werden. Finden Sie gemeinsam eine Lösung, denn dadurch werden unnötiger Ärger und Frust vermieden. Wenn Sie gemeinsam an einem Strang ziehen, ein gemeinsames Ziel anpeilen, dann sind Sie ein starkes Team. Sie vergeuden Ihre Energien nicht in sinnlosen Streitereien, sondern setzen Ihre Kräfte für Job und Familie ein. Nichts verbindet eine Gemeinschaft mehr als gemeinsame Ziele.

Treffen Sie mit Ihrem Partner eine feste Vereinbarung, die Sie am besten schriftlich fixieren. Hängen Sie diesen „Arbeitsplan" gut sichtbar auf, sodass sich Diskussionen erübrigen und Missverständnisse erst gar nicht entstehen können. Auch wenn Ihr Herzallerliebster noch so über Belastung und Stress im Büro stöhnt: Lassen Sie sich nicht erweichen. Jeder Mensch verfügt über 24 Stunden am Tag – auch für Sie gibt es da nicht mehr! Zerfließen Sie nicht vor Mitleid mit ihm. Lernen Sie, an sich

Checkliste Organisation Haushalt & Co.

- Welchen Stellenwert hat der Job für Sie/Ihren Partner?
- Für wen ist es lang-/mittelfristig sinnvoller, beruflich zurückzustecken?
- Wer kann seine Arbeitszeit eher frei gestalten, ist zeitlich flexibler?
- Wer von Ihnen könnte Teilzeit arbeiten oder seine Arbeit ganz/teilweise umorganisieren (Telearbeit, Homeoffice)?
- Wer kann beruflich ganz umsatteln (Selbstständigkeit)?
- Welche Folgen hätte dies (Karriere, Finanzen)?
- Wer nimmt Erziehungsurlaub?
- Kann der Erziehungsurlaub eventuell zwischen Ihnen aufgeteilt werden?

zu denken, lernen Sie, freundlich, aber bestimmt „Nein“ zu sagen, wenn Ihr Mann sein Pensum nicht schafft. Wenn Sie die festgelegte Arbeitseinteilung durch Gefälligkeitsdienste Ihrerseits aufweichen, dann stehen Sie bald auf verlorenem Posten. Vielleicht müssen Sie sich dann sogar noch anhören: „Aber du hast doch gar nichts dagegen gesagt“.

Nicht nur im Job ist eine klare Arbeitsteilung erforderlich – auch im Privatleben sind klare Absprachen notwendig, wenn es reibungslos funktionieren soll. Das tut den Gefühlen für Ihren Partner keinen Abbruch. Sie sind jetzt in einer Lebensphase, in der Ihr voller Einsatz gefragt ist. Sie können das nur unbeschadet leisten, wenn Rechte und Pflichten auch in der Familie gerecht verteilt sind. Im Job können Sie sich gut durchsetzen, haben keine Probleme, den Kollegen mit einem Schreibtisch voller Akten am Abend allein im Büro sitzen zu lassen. Wenn aber jemand aus Ihrem privaten Umfeld nur ein klein wenig belastet ist oder zu sein scheint, fühlen Sie sich gleich verpflichtet, einzuspringen und auszuhelfen. Dieses Verhalten kennen Sie nicht von sich? Sind Sie da ganz sicher? Prüfen Sie einmal nach, und wenn Sie auch nur leichte Ansätze zu solchen Mitleidsdiensten haben, dann seien Sie rigoros mit sich selbst und stellen das ab. Sie haben jetzt die Verantwortung für Ihr Kind, und wenn Sie dann noch berufstätig sind, stehen Sie schon in einer 24-stündigen Doppelbelastung. Sie können es sich nicht erlauben, noch Zusatzaufgaben zu übernehmen. Ihr Partner hingegen hat nur seinen Job und seinen Anteil an Haushalt und Kindererziehung – vorausgesetzt, er gehört nicht zu den 2% der Männer, die Erziehungsurlaub nehmen.

Organisationsplan Haushalt:

Wer übernimmt was?

• Einkaufen	Frau
• Bad/WC putzen	Frau
• Wohnung pflegen	Putzfrau 1 x wöchentlich
• Garten pflegen	Mann
• Blumen im Haus pflegen	Frau
• Kochen	Mann + Frau (abwechselnd)
• Betten überziehen	Mann

- Kind zur Tagesmutter — Mann (vormittags hinbringen)
  Frau (nachmittags abholen)
- Krankheit Tagesmutter — Mann geht später zur Arbeit (weil Gleitzeit),
  Frau kommt früher nach Hause
- Arztbesuche mit Kind — Frau
- Papierkram erledigen etc. — Mann

usw.

Wenn Sie keinen Partner haben, sondern eine Single-Mutter sind, dann entfällt für Sie zwar die Hilfe des Partners, aber dafür brauchen Sie ja auch nicht für ihn zu sorgen. Dennoch steht auch Ihnen eine organisatorisch schwierige Situation bevor. Sie müssen Kind und Job allein schaukeln. Sicher haben Sie geklärt, wie lange Sie beruflich aussteigen und wo Ihr Kind während der Arbeitszeit betreut wird. Für das praktische tägliche Leben sind Sie mit dem Kind natürlich etwas gehandicapt. Sie können nicht noch mal schnell zum Feinkostladen fahren, weil Sie den Safran vergessen haben, Sie können nicht mehr mitten in der Nacht einem plötzlichen Anfall von Putzlust nachgeben... Wenn Sie nicht das Glück haben, dass Großeltern oder Tanten und Onkel für Sie einsatzfähig und einsatzlustig sind, dann schauen Sie sich einmal in Ihrer Gegend um. Tun Sie sich zusammen mit Frauen, die in derselben Situation sind wie Sie. Organisieren Sie einen Notfalldienst, einen Einkaufsdienst, das Kinderhüten etc., und zwar wechselweise. Sprechen Sie sich ab, und arbeiten Sie auch in solchen Teams mit genauem Plan. Dann fühlt sich keiner der Beteiligten überfordert oder ausgenutzt.

Perfektionismus bye-bye

Es ist erstaunlich, wie viele junge Frauen es auch heute noch gibt, die, von alten Rollenbildern geprägt, immer noch glauben, eine Frau – und erst recht eine Mutter – müsse alles perfekt erledigen. Sogar die toughe Geschäftsfrau bringt es nicht fertig, nach einem 10-Stunden-Stress-Tag im Job zu Hause die Krümel auf dem Boden einfach liegen zu lassen und die Wollmäuse unter dem Sofa zu übersehen. „Ich habe schon eine Woche nicht gesaugt", sagt Jana, und es klingt wie eine Entschuldigung.

Perfekt muss alles sein – nicht nur im Job, auch zu Hause. Mehr als alle anderen leiden berufstätige Mütter unter diesem Perfektionsvirus, denn sie wollen der ganzen Welt beweisen, dass sie nicht nur alles können, sondern es auch noch besser machen: einen staubfreien, blitzenden Haushalt, ein prächtig entwickeltes, fröhliches Kind und einen super Job. Männer haben keine Probleme damit, abends nach Hause zu kommen, über einen Berg Wäsche zu steigen, das Frühstücksgeschirr auf dem Tisch stehen zu lassen und sich in aller Ruhe hinzusetzen und erst einmal die Zeitung zu lesen. Für eine Frau ist das so gut wie unmöglich. Warum eigentlich? Weil ein Mann andere Prioritäten setzt und er nicht unter dem Zugzwang steht oder sich selbst unter Druck setzt, beweisen zu müssen, dass er als hervorragender Controller auch ein perfekter Hausmann ist. Eine Frau hingegen muss ständig beweisen, dass sie, weil sie berufstätig und vielleicht auch noch Mutter ist, eine perfekte Hausfrau ist. Gelingt ihr das nicht, dann plagt sie sich mit Schuldgefühlen herum. Jeder darf Ansprüche an sie stellen – und seien sie noch so widersprüchlich –, und sie versucht, allen gerecht zu werden.

Verabschieden Sie sich von solchen Ansprüchen. Nobody is perfect – das darf ruhig auch für Sie gelten, und ganz besonders, wenn Sie eine Doppel- und Dreifachbelastung auf sich genommen haben.

Warum sollten Sie nicht auch einmal alle fünf gerade sein lassen anstatt sich abzurackern, damit Sie das Image einer perfekten berufstätigen Mutter aufrechterhalten? Lernen Sie, im Haushalt nachsichtig zu sein, übersehen Sie ruhig ab und zu den Staub – gönnen Sie sich lieber ein bisschen Zeit für sich, für die Familie, für Ihre Entspannung. Erkennen Sie, dass Sie selbst ein Opfer Ihres eigenen Perfektionismus geworden sind. Setzen Sie mehr auf Lebensqualität als auf perfekte Haushaltsführung, entdecken Sie die Vorteile der Improvisation, und seien Sie nicht so streng mit sich! Setzen Sie auf „erfolgreich“ und nicht auf „staubfrei“! Genießen Sie lieber mal eine Stunde Nichtstun als zu putzen. Sie haben mehr Freude am Leben – und schließlich sollten wir dafür leben und nicht für einen perfekten Haushalt. Gestehen Sie sich Schwächen zu.

Checkliste Perfektionismus

- Können Sie damit leben, nicht alles perfekt zu erledigen?
- Stört es Sie, wenn nicht aufgeräumt ist und überraschend Besuch kommt?
- Fühlen Sie sich unwohl, wenn Ihre Mutter oder Schwiegermutter sagt: „Du könntest einmal wieder die Fenster putzen und den Rasen mähen" etc.?
- Können Sie ab und zu alles liegen lassen und ein Entspannungsbad nehmen?
- Setzen Sie sich selbst unter Druck und verlangen sich das Letzte ab?
- Setzen Sie Prioritäten, oder muss alles ständig tipptopp sein?
- Nehmen Sie sich regelmäßig Auszeiten zur Entspannung?
- Können Sie Arbeit delegieren?
- Haben Sie ein schlechtes Gewissen dabei?
- Leisten Sie sich eine Hilfe (Putzfrau, Einkaufshilfe etc.)?
- Können Sie Gespräche, Konzerte etc. wirklich genießen?
- Können Sie Arbeit und Freizeit trennen (denken Sie in der Freizeit nicht an die Arbeit und umgekehrt)?
- Nehmen Sie sich bewusst und regelmäßig Zeit für Dinge, die Ihnen Freude machen?
- Können Sie damit umgehen, wenn man Ihnen Unzulänglichkeiten vorwirft?
- Würden Sie sich als Perfektionistin bezeichnen?
- Lieber erfolgreich als perfekt – ist das ein Motto, mit dem Sie sich identifizieren könnten?
- Was müssten Sie dafür an Ihrer Einstellung ändern?

Chloé konnte nach der Scheidung nicht sofort mit einer Arbeit beginnen. Ihr Ex-Mann, ein gut verdienender Tierarzt, wollte nicht, dass sie arbeitet. Er konnte es sich leisten, seiner Frau und den zwei wohlgeratenen Mädchen ein angenehmes Leben zu bieten. Unangenehm war das für Chloé nicht, denn sie war mit Leib und Seele Mutter und genoss es, viel Zeit für die Kinder zu haben; zudem konnte sie das große Haus und den Garten pflegen. Auch das machte ihr viel Spaß, und obwohl es reichlich Arbeit war, wollte sie keine Hilfe haben. Sie war zufrieden als perfekte Mutter und Hausfrau. Vielleicht hat sie sich zu sehr darauf konzentriert und dabei die kleinen Veränderungen in ihrer Ehe nicht rechtzeitig bemerkt.

Heinz' Eröffnung, sich wegen einer anderen schnell und schmerzlos scheiden lassen zu wollen, traf sie wie aus heiterem Himmel. Eine Welt zerbrach für sie. Sie war zutiefst getroffen und fiel in eine lähmende Lethargie. Vielleicht entging ihr dadurch einiges. Die Konten des Ex-Mannes waren ziemlich geplündert, sodass sie letztlich mit einem minimalen Unterhalt förmlich auf der Straße stand. Sie ging zurück in ihre Heimatstadt, suchte sich eine bezahlbare Wohnung – und war mit den Mädchen, drei und fünf Jahre alt, allein. Von heute auf morgen konnte sie keinen erschwinglichen Kindergartenplatz bekommen. Folglich fiel auch eine Beschäftigung außer Haus aus, denn wo sollte sie die Kinder lassen? Die Großmutter war auf Selbstverwirklichungstrip, die Freundinnen hatten selbst Probleme, alles unter einen Hut zu bekommen.

Chloé war Anwaltsgehilfin, seit sieben Jahren raus aus dem Job, aber sie hatte ausgezeichnete spanische und französische Sprachkenntnisse. Sie suchte verzweifelt eine Tätigkeit, die sie zu Hause ausüben konnte, zumindest bis sie die Kinder gut untergebracht hatte. Sie trabte zwar von einem Kindergarten zum anderen, inspizierte Tagesstätten, interviewte Tagesmütter – aber nichts war ihr gut genug für die Mädchen. „Schließlich leiden sie sehr unter der Trennung vom Vater sowie unter der ungewohnten neuen Umgebung. Ich kann ihnen nicht noch fremde Bezugspersonen zumuten", sagte Chloé. Lieber sparte sie sich die Butter vom Brot ab.

Durch Zufall erhielt sie dann wenigstens sporadisch Übersetzungsarbeiten durch eine alte Schulfreundin. Erst dann konnte sie so langsam – anfangs stundenweise – in einer Kanzlei arbeiten. Die Wohnung sah aus wie ein Schlachtfeld. Nichts war mehr wie früher. Aber es störte Chloé nicht mehr. Sie musste überleben – und da hatten andere Dinge Priorität. Es machte ihr nicht einmal mehr etwas aus, wenn ihre Mutter ab und zu mit spitzen Bemerkungen das Spielzeug einsammelte.

Es war eine harte Zeit, denn die Große kam zu den unterschiedlichsten Zeiten nach Hause, die Kleine war in einem Kindergarten in der Nähe untergebracht. Die Kinder machten keine Probleme, aber die finanzielle Situation war mehr als angespannt. Glücklicherweise konnte Chloé ihre wenigen Wochenstunden langsam aufstocken zu einer Halbtagsbeschäftigung. Und natürlich ließen die Full-Time-Worker die wenig geliebten Arbeiten für Chloé übrig. Oft musste sie Überstunden machen, um alles zu schaffen. Immer dabei das schlechte Gewissen. Sie war abgehetzt und nervös, die Nerven lagen blank. Eine Woche Ferien oder wenigstens mal ein paar Stunden einfach ausspannen – für Chloé eine Utopie. Es war ein Wunder, dass sie nicht zusammenbrach. Heute sind die Kinder fast aus dem Haus. Die Große studiert in Österreich, die Kleine ist im Abiturstress. Chloé hat immer noch ihre alte Stelle, aber zusätzlich arbeitet sie dreimal in der Woche nachmittags bei einer kleinen Exportfima. Sie ist zwar ziemlich geschafft, aber sie hat es geschafft – allein mit zwei Kindern. Zwar ist der Haushalt auf der Strecke geblieben; auch heute kann man nicht vom Boden essen. „Aber dafür haben wir ja Teller", sagt Chloé zu diesem Thema. Darauf ist sie stolz, denn früher hätte man schon vom Boden essen können. Stolz ist sie auch darauf, dass sie die Kinder damals nicht einfach irgendwohin gesteckt hat, um Geld verdienen zu können. Obwohl sie zugibt: „Es hätte ihnen nicht geschadet, aber das habe ich erst in den letzten Jahren wirklich erkannt. Und mir hat es ja auch nicht geschadet", lächelt sie, „ich hab's ja überlebt."

Delegieren tut nicht weh

Dass das Delegieren nicht weh tut, scheinen viele Frauen noch gar nicht bemerkt zu haben. Denn gerade diejenigen, die am meisten schuften, geben am wenigsten Arbeiten ab. Das ist nicht immer nur eine Frage des Geldbeutels. Es ist oftmals die innere Einstellung, die uns davon abhält, andere Leute um Unterstützung zu bitten. Selbst wenn für die Hilfe bezahlt wird, müssen viele Frauen erst einmal über ihren Schatten springen, bevor sie jemanden engagieren. Aber warum eigentlich? Lieber klagen als andere fragen – das erscheint vielen Frauen leichter. Am allerwenigsten möchten sie, dass irgendjemand im Haushalt eingreift. Der Haushalt wird zwar wenig geliebt, aber gegen jeden Eindringling verteidigt. Und wenn schon einmal eine Tätigkeit abgegeben wird, dann muss sie zumindest exakt so erledigt werden, als hätte frau es selbst getan. Das ist doch merkwürdig. Wenn Sie bei der Arbeit einem Kollegen eine Aufgabe übertragen, schreiben Sie ihm doch auch nicht jedes Detail vor. Warum können Sie dann zu Hause nicht loslassen? Warum muss die Schwiegermutter die Wäsche genau in derselben Reihenfolge bügeln wie Sie? Warum muss das Fenster mit Leder geputzt werden, wenn Ihre Haushaltshilfe das lieber mit Papier macht? Ist nicht das Resultat das Entscheidende? Für viele Frauen trifft das bezüglich der Hausarbeit offenbar nicht zu. So wundert es den Göttergatten doch mit Recht, wenn er eine bezahlte Hilfe für den Haushalt vorschlägt und dann mit Klagen, dass diese die Arbeit nicht recht mache, für seinen Vorschlag belohnt wird. Warum nicht andere so arbeiten lassen, wie sie es gewohnt sind – sofern das Ergebnis okay ist? Sie brauchen für Ihre Arbeit doch auch etwas Freiheit!

Organisieren und delegieren – wer das gut kann, der hat den Rücken frei für die wichtigen Dinge im Leben. Lassen Sie den Gedanken los, dass Sie alles allein tun müssen. Lassen Sie sich helfen, und – wenn Sie es können – nehmen Sie auch bezahlte Hilfe in Anspruch. Es gibt mehr Dienstleister auf diesem Gebiet, als Sie vielleicht denken. Abgesehen von den hilfreichen Geistern, die das Haus putzen, können Sie auch Einkaufshilfen buchen. Das bieten übrigens nicht nur die teuersten Feinkostläden an, auch große Supermärkte und manche Tante-Emma-Läden liefern nach Hause. Babysitter und Nachhilfeunterricht, Bügelfrauen und -männer, Fensterputzer: alles können Sie buchen!

Notieren Sie einmal nur den Zeitaufwand fürs Bügeln, Einkaufen, Fensterputzen oder für kleine Näharbeiten. Würde es sich nicht lohnen, solche Tätigkeiten abzugeben?

Checkliste Delegieren

- Wie viel Zeit pro Monat wende ich auf für Putzen, Einkaufen, Gartenpflege, Kinder-zum-Kindergarten-Bringen, Wäsche etc.?
- Welche dieser Tätigkeiten würde ich gerne aufgeben?

- Wer könnte was übernehmen?
- Welche bezahlte Hilfe könnte ich mir leisten?
- Muss alles genau so gemacht werden, wie ich es tue?
- Kann ich andere nach ihrer Methode arbeiten lassen?
- Wie viel Zeit würde ich mir ersparen, wenn ich mir helfen ließe?
- Was würde ich mit dieser Zeit anfangen?
- Ist mir diese freie Zeit den Aufwand wert?
- Wer profitiert noch davon, wenn ich mehr Zeit habe?

Der Job ruft

Heute ist eine berufstätige Mutter keine Seltenheit mehr, denn über die Hälfte aller Frauen mit Kindern gehen zur Arbeit. Nicht immer sind es finanzielle Gründe, weshalb eine Frau ihren Job wegen eines Kindes nicht aufgibt. Viele Frauen möchten sich einfach ihre Unabhängigkeit – die finanzielle und die geistige – bewahren, sie wollen mehr vom Leben als Wickeln und Kochen, sie wollen mitreden können und auch „draußen" etwas bewegen. Die Lebenseinstellung hat sich verändert, und dank moderner Technik muss heute keine Frau mehr den ganzen Tag im Haushalt schuften oder tagelang ein tolles Menü vorbereiten. Hausarbeit ist nicht mehr so zeitaufwendig, aber ungeliebt und vor allem nicht befriedigend. Und Mutterschaft ist heute nicht mehr eine lebenslange Aufgabe, sondern wird eher als eine Phase im Leben einer aktiven Frau betrachtet. Mit der Technik und den vielfältigen Hilfen, die heute zur Verfügung stehen, ist der Haushalt zu einem Minijob geworden, der sich fast nebenher erledigen lässt. Viel schwieriger ist es, die Kinder unterzubringen, wenn die Mutter im Büro ist. Die Verwandten wohnen oft nicht am selben Ort, sind selbst noch aktiv oder wollen sich nicht fest in ihren Tagesablauf einplanen lassen; Tagesmütter, Krippen und Kindergärten stehen zwar zur Verfügung, aber oft nicht zu den Bedingungen, die Sie benötigen.

Weniger Probleme machen die Kinder selbst. Sie leiden selten darunter, dass die Mutter nicht ständig anwesend ist, wenn andere liebevolle Bezugspersonen für sie da sind. Sie sind sich da nicht so sicher? Lassen

Sie sich von wissenschaftlichen Erkenntnissen überzeugen: Kinder sind neugierig und aufgeschlossen, und sie lernen gern Neues kennen – und dazu gehören auch Menschen. Als soziale Wesen lieben sie Kontakte und haben keine Schwierigkeiten, mehrere Bezugspersonen zu akzeptieren. Zudem sind sie bei Tagesmüttern, in Krippen und Kindergärten mit anderen Kindern zusammen. Das tut nicht nur ihrer Entwicklung gut, es ist für die Kinder auch abwechslungsreicher und interessanter, als den ganzen Tag nur mit der Mutter zu verbringen.

Für Sie steht also fest: Sie möchten wieder arbeiten. Die Rückkehr nach einer Babypause will gut überlegt sein. Das fängt mit dem Zeitpunkt des Wiedereinstiegs an und geht weiter mit der Frage, welche beruflichen Ziele Sie anstreben (siehe den Fragebogen auf Seite 49 f.). Die wiederum sind abhängig von der Branche, in der Sie arbeiten, sowie der wirtschaftlichen Situation. Von solchen Überlegungen hängt es ab, wann Sie wieder einsteigen bzw. ob Teilzeit oder ganztags, ob Sie in Ihrem alten Beruf, in Ihrer bisherigen Position weiterarbeiten können oder ob Sie sich jobmäßig ganz anders orientieren. Das sind alles Überlegungen, die frau am besten anstellt, bevor sie sich für ein Kind entscheidet, denn auch das Timing für die Babypause ist wichtig für die Laufbahn.

Den richtigen Zeitpunkt für den Wiedereinstieg zu finden ist oft nicht ganz leicht, zumal es ja nicht nur um die eigenen Wünsche geht, sondern die Umstände oft vorschreiben, wann was getan werden muss. Hin- und hergerissen zwischen der Freude am Job und der Freude am Kind, entstehen für die Frau Konfliktsituationen. Muss sie aus finanziellen Gründen bald wieder arbeiten, ist sie oft unglücklich, weil sie lieber nur für das Kind da wäre. Frauen, die Karriere machen wollen, können es sich kaum leisten, allzu lange auszusteigen, denn dann sind sie „out" in unserer schnelllebigen Zeit. Ein neues Computersystem, eine Umstrukturierung in der Firma ... Wer nicht da ist, wird rasch ins Abseits gedrängt.

Frau begnügt sich also mit dem Satz: „Natürlich werde ich wieder arbeiten" und bemerkt oft erst spät, dass es damit nicht getan ist. Aber auch wenn Sie in die Situation hineingeschlittert sind und keine rechte Planung haben, muss es gehen. Tausende von Müttern beweisen dies tagtäglich. Einiges bleibt wie bei allen Dingen, die eher spontan erledigt werden, auf der Strecke, dafür gelingt manch anderes besonders gut, gerade weil man extrem flexibel und erfindungsreich sein muss. Wie auch immer Ihre Situation aussieht:

Sie sollten Ihr berufliches Ziel kennen und immer im Auge behalten!

Wenn Sie aus finanziellen Gründen (noch) arbeiten müssen, werden bei Ihnen andere Gründe eine Rolle spielen als bei einer Frau, die sich vorgenommen hat, in fünf Jahren Abteilungsleiterin Marketing in einem Großunternehmen zu sein. Entsprechend wird auch der Wiedereinstieg geplant und durchgeführt. Welches sind Ihre Gründe?

Sonhild denkt voraus: „Es sind nur wenige Jahre, in denen meine Kleine mich wirklich braucht, und mit jedem Jahr reduziert sich das. Aber selbst wenn ich für mein Kind 16 Jahre ansetze, dann habe ich noch eine ganze Menge Lebensjahre vor mir. Was soll ich dann tun? In den Vierzigern – ohne Job? Das Kind ist fast aus dem Haus, es braucht mich auf jeden Fall zeitlich kaum noch, und mein Mann ist beruflich stark engagiert und viel unterwegs. Ja, soll ich für den Rest meines Lebens dann den Haushalt führen, und für wen? Es ist ja kaum einer da. Oder soll ich mir Hobbys suchen, soll ich meine Lebenserfüllung in Museumsbesuchen, Fitnessstudios oder in ehrenamtlichen Tätigkeiten suchen? Meine Arbeit macht mir Spaß, ich will Erfolg, will Verantwortung – nicht nur im privaten Bereich. Ich will etwas bewegen. Wegen ein paar Jahren für mein Kind kann ich doch nicht mein ganzes Leben aufgeben."

Vielen Frauen ergeht es ähnlich, doch nur wenige haben den Mut, dies so deutlich zu sagen wie Sonhild. Es ist eine ganz einfache Rechnung. Für ein paar Jahre Mutterschaft gehen die Lebenswünsche drauf, und die berufliche Zukunft – bei unserer heutigen Lebenserwartung handelt es sich immerhin um Jahrzehnte – wird durch einige Jahre als „Nur-Mutter" zunichte gemacht.

Warum wollen Sie in Ihren Beruf zurückkehren?

Notieren Sie alles, was Ihnen dazu einfällt:

- Es besteht die finanzielle Notwendigkeit bzw. Sie wollen Unabhängigkeit
- Sie haben intellektuelle Ansprüche

- Sie haben viel investiert in Studium, Ausbildung, Auslandsaufenthalte etc.
- Sie haben Lust auf Karriere
- Sie haben den Wunsch nach Anerkennung
- Sie wollen unter Menschen sein
- Sie wollen sich und Ihre Fähigkeiten unter Beweis zu stellen
- Sie haben Freude an dem Job
- Sie wollen sich weiterentwickeln
- Der Job gibt Ihnen innere Befriedigung
- Sie möchten Abwechslung haben
- Sie müssen sich auf andere einstellen
- Sie wollen geistig und körperlich fit bleiben
- Sie wollen stolz auf sich und die eigenen Leistungen sein
- Sie wollen sich Herausforderungen stellen
- Sie wollen zeigen, was eine Frau kann

Sicher haben Sie schon immer gewusst, warum Sie nicht (ganz) mit dem Arbeiten aufhören wollen. Trotzdem sollten Sie sich noch einmal mit folgenden Fragen (siehe auch Seite 17 ff.) befassen:
- Was will ich beruflich erreichen?
- Warum habe ich dieses Ziel?
- Wie viel würde ich dafür einsetzen oder „opfern“ bzw. auf mich nehmen? (Freizeit, Stress, Schuldgefühle)

Vielleicht wissen Sie jetzt genauer, was Sie dazu bewegt, nicht aus dem Job auszusteigen. Oft ist es ja nicht nur ein einzelner Beweggrund, sondern eine Mischung aus Gefühl und Verstand, aus Kopf und Bauch. Wenn Ihr Karrierewunsch an erster Stelle steht, ergibt es sich fast schon von selbst, dass Sie dann nicht allzu lange pausieren können, denn sonst ist der Zug abgefahren. Geht es Ihnen „nur“ darum, nicht auf der Stelle zu treten, und sind Sie damit zufrieden, einen Job zu haben, der Sie vielleicht nicht ganz fordert, bei dem Sie aber viel mit Menschen zu tun haben, der abwechslungsreich und nicht überstrapaziös ist, dann kann Ihr Einstiegstermin anders geplant werden. Wollen Sie etwas ganz anderes tun, sollten Sie vorab alle Aspekte berücksichtigen. Ist für Sie nämlich das persönliche Gespräch sehr wichtig, dann werden Sie vermutlich mit einer Tätigkeit zu Hause, beispielsweise als freie Lektorin, nicht sehr glücklich werden.

Helma arbeitete in einem kleinen Import-/Exportbüro. Zwar machte ihr die Arbeit Spaß, weil sie ihre Fremdsprachenkenntnisse gut einsetzen konnte, weniger schön waren jedoch der Stress und die Hektik. Regelmäßige Überstunden gehörten zum ganz normalen Arbeitsalltag. Kaum war sie schwanger, stand für Helma fest: raus aus der chaotischen Firma. Dieser Job und ein Kind waren undenkbar. Undenkbar war aber auch, dass eine dreiköpfige Familie nur von Peters Gehalt leben konnte. Schon aus finanziellen Gründen musste Helma mitarbeiten. Wer rastet, der rostet – das gilt auch für fremde Sprachen. Helma konnte fließend Albanisch, Lingala und Japanisch – eine ausgefallene Kombination. „Was ich in der Firma kann, kann ich auch zu Hause", war ihre Überlegung, und sie bot dem Chef an, auf freiberuflicher Basis die Übersetzungen in ihren Spezialsprachen daheim zu machen. Die gängigen Sprachen, nämlich Englisch, Französisch und Spanisch, die sie nebenbei noch übersetzte, könnte man auf die anderen Kollegen verteilen. So lautete ihr Vorschlag. Es kostete eine Menge Überzeugungsarbeit, aber dann war alles klar. Problemlos ging es dann in der Praxis nicht ab, aber Helma hat es geschafft. Heute hat sie ein kleines Übersetzungsbüro und arbeitet mit anderen berufstätigen Müttern zusammen.

Ingrid war gerade auf dem Sprung zur Vorstandssekretärin, als sich das Baby ankündigte. In Gesprächen mit der Geschäftsleitung wurde eine optimale Lösung gefunden: Ingrid sollte sich in Ruhe die Zeit für das Kind nehmen, die sie braucht. Zwar ging ihr mit dieser Regelung erst einmal die Beförderung verloren, aber in dem großen Unternehmen waren Umbesetzungen an der Tagesordnung. Ihr wurde eine Stelle entsprechend ihrer derzeitigen Position zugesagt – mit Aussicht auf Beförderung, wenn sie dann noch Lust hat auf einen Aufstieg in die höhere Etage.

Für Frauen, denen ihre berufliche Laufbahn sehr viel bedeutet, ist eine Babypause schwieriger, denn sie können sich keine lange Auszeiten nehmen. Abgesehen von den bereits erwähnten Schwierigkeiten (nicht mehr up to date sein etc.), lauert auf sie eine weitere Gefahr: Die Kollegen und

Kolleginnen stehen schon lange in den Startlöchern. „Es ist wie im Haifischbecken“, klagt Marion. „Kaum hat sich herumgesprochen, dass ich ein Kind kriege, merke ich, wie ein paar Kolleginnen sich so unauffällig, dass es schon wieder auffällt, für Details meiner Tätigkeit interessieren, und ich sehe sie immer häufiger bei meinem Chef. Das kann doch wohl kein Zufall sein!“ So etwas ist auch kein Zufall – es ist eine rasche Reaktion, um die Abwesenheit, und sei sie noch so kurz, zum eigenen Vorteil zu nutzen!

Da ergeht es Silke besser. Sie ist Zahnarzthelferin, und ihre Chefin ist selbst Mutter von zwei kleinen Kindern. So ist es kein Problem, Silke mit Baby in den Praxisbetrieb „einzupassen“. Für die Kinder wurde eine Kinderfrau engagiert, die die Kleinen in der Wohnung direkt neben der Praxis betreut. Das ist ein großer Glücksfall für alle Beteiligten.

Checkliste Job-Pause

- Wie lange will ich pausieren?
- Wie lange kann ich pausieren, wenn ich meine beruflichen Ziele erreichen möchte?
- Wann will ich wieder voll arbeiten?
- Will / brauche ich reduzierte Arbeitszeit – ist das in meiner Firma möglich?
- Wenn eine Rückkehr zum alten Job nicht möglich ist, welche Alternativen gibt es:
  Kann ich zu Hause arbeiten (selbstständig, freiberuflich; welche Voraussetzungen)?
  Will ich etwas ganz anderes machen, um Kind und Job besser miteinander vereinbaren zu können
  (welche Möglichkeiten/Voraussetzungen)?
- Kann mein Partner das Kind betreuen – in welchem zeitlichen Umfang?
  (gemeinsame Terminplanung)
- Welche Betreuungsmöglichkeiten kann ich mir leisten (Kindermädchen)?

Von anderen lernen: Vorbilder

Es müssen nicht die Superfrauen aus den Hochglanzmagazinen sein, es müssen nicht Madonna oder Prinzessin Caroline sein, der frau nacheifern sollte. Schauen Sie sich lieber einmal in Ihrem Umfeld um. Welche Frauen bewundern Sie? Vielleicht die Kollegin, die trotz ihres behinderten Kindes und eines stressigen Jobs freundlich und gelassen ist? Oder die Nachbarin, die sich lieber von ihrem Hallodri von Mann trennt, die Kinder allein aufzieht und sich dabei noch um eine Arbeitsstelle bemüht, weil das Geld nicht ausreicht? Die Chefin, der keiner einen fast erwachsenen Sohn zutraut, weil Themen wie Kindererziehung und Pubertätsprobleme in ihrem Wortschatz offenbar nicht enthalten sind, die fit im Job und dennoch Frau geblieben ist?

Was gefällt Ihnen an den Frauen, mit denen Sie zu tun haben, mit denen Sie befreundet sind oder einen Kurs zusammen besuchen? An Erna finden Sie toll, dass sie so gut mit ihren Kindern umgehen kann, dass sie ein liebevolles Verhältnis zu ihrem Partner hat und es einfach in der ganzen Familie „stimmt". Andererseits bewundern Sie, wie gut Tessi verhandeln kann und fast überall ihre Meinung durchsetzt, was den Erfolg ihrer kleinen Agentur begründet.

Sie sind auch voller Hochachtung für Frau Heinsch, die es ohne Tagesmutter, Oma oder dergleichen schafft, ihre chaotischen Zwillinge, einen unzuverlässigen Partner und einen verantwortungsvollen Job irgendwie so zu koordinieren, dass sogar noch ein Tag in der Woche Zeit für sie selbst bleibt.

Schauen Sie einmal, wie andere es schaffen, wie sie die Kinderbetreuung regeln, wie Sie mit Chef und Partner umgehen, wie sie Krisenmanagement, Zeitplanung betreiben und ihre Karriere planen. Von Vorbildern können wir vieles lernen, wir können Kleinigkeiten oder große Strategien übernehmen. Und vor allem können wir an Vorbildern eines sehen: Familie und Job kann man miteinander verbinden.

2. Kapitel

Welche Hilfen gibt es?

Es ist so weit: Das Baby ist bereits im Anmarsch. Welche Hilfen stehen Ihnen gesetzlich zu? Was müssen Sie wissen, was beachten, welche Fristen einhalten? Wohin mit dem Kind, wenn Sie wieder zu arbeiten anfangen? Wo können Sie Unterstützung bekommen? Wir befassen uns im Folgenden mit den Ansprüchen, die Ihnen gesetzlich zustehen, und mit den unterschiedlichen Möglichkeiten der Kinderbetreuung.

I. So unterstützt Sie der Staat

Der Anspruch auf Schutz und Fürsorge für die Familie ist im Grundgesetz verankert. Gesetze und Regelungen tragen dazu bei, Mütter besonders zu schützen und zu unterstützen. Wichtig ist, dass Sie um Ihre Ansprüche wissen und sie rechtzeitig anmelden. Dies ist ein so weites Feld, dass hier nur die wichtigsten Punkte angesprochen werden können. Detaillierte Informationen erhalten Sie beim Bundesministerium für Familie, Senioren, Frauen und Jugend, bei den entsprechenden Ämtern, bei Betriebsräten etc. und natürlich in Schriften und Büchern (siehe Empfehlenswerte Literatur Seite 157 ff.).

Das steht Ihnen zu – vor der Geburt

Alle Frauen, die in Deutschland in einem Arbeitsverhältnis beschäftigt sind – auch Teilzeitbeschäftigte, Hausangestellte und Frauen, die zu Hause arbeiten oder sich noch in der Ausbildung befinden –, haben das Recht auf Schutz und Fürsorge des Staates.

Lediglich für Beamtinnen gelten andere, im Beamtenrecht festgelegte Bestimmungen; Selbstständige und Hausfrauen können den gesetzlichen Mutterschutz nicht in Anspruch nehmen.

Zuständig für fast alle Maßnahmen aus dem Mutterschutzgesetz und dem Bundeserziehungsgeldgesetz ist das Bundesministerium für Familie, Senioren, Frauen und Jugend. Ansprechpartner in allen Fragen des Mutterschutzes ist Ihr Arbeitgeber sowie Betriebs- und Personalräte und das Gewerbeaufsichtsamt.

In Betrieben mit mehr als drei Frauen muss das Mutterschutzgesetz ausliegen. Sie können aber auch den „Leitfaden zum Mutterschutzgesetz" beim Bundesfamilienministerium, Postfach 20 15 51, 53145 Bonn bestellen (kostenlos) oder unter Tel. 0180/532 93 29 anfordern.

Es lohnt sich durchaus, sich mit dieser recht trockenen Lektüre zu befassen, denn exaktes Wissen zahlt sich in barer Münze aus. Schnell hat frau einen Termin übersehen oder vergessen, einen Antrag rechtzeitig auszufüllen – und schon haben Sie eine Chance verpasst. Welche Ansprüche haben Sie nun?

Der Mutterschutz

Als werdende Mutter haben Sie das Anrecht auf Mutterschutz. Darunter fällt auch die Schutzfrist (Mutterschaftsurlaub), die insgesamt 14 Wochen umfasst. Der Mutterschutz beginnt sechs Wochen vor dem errechneten Geburtstermin. In dieser Zeit brauchen Sie nicht mehr zu arbeiten, dürfen es aber auf eigenen ausdrücklichen Wunsch.

Wenn Sie, aus welchen Gründen auch immer, während dieser Zeit arbeiten wollen, dann sollten Sie keinesfalls versäumen, mit Ihrem Arzt darüber zu sprechen. Aus finanziellen Gründen weiterzuarbeiten lohnt nicht, denn Sie bekommen in dieser Zeit sowieso Ihren vollen Lohn bzw. Gehalt in Form des Mutterschaftsgeldes.

Der Mutterschutz endet acht Wochen nach der Entbindung. In dieser Zeit dürfen Sie nicht arbeiten, egal ob Sie sich schon bald wieder einsatzfähig fühlen. Bei Mehrlings- und bei Frühgeburten verlängert sich diese Schutzfrist um vier auf zwölf Wochen.

Wichtig:
Ab sechs Wochen vor der Geburt darf eine werdende Mutter nur auf eigenen Wunsch beschäftigt werden.
Während der Schutzfrist nach der Geburt besteht ein absolutes Beschäftigungsverbot!

Zum Mutterschutz gehört auch der Kündigungsschutz. Das bedeutet, dass Ihnen ab dem Augenblick, in dem Sie Ihren Arbeitgeber über Ihre Schwangerschaft informiert haben, bis inklusive der ersten vier Monate nach der Geburt nicht gekündigt werden darf (Achtung: Ausnahmefälle möglich!). Der Kündigungsschutz besteht auch für den Erziehungsurlaub (Achtung: Ausnahmefälle möglich!), also bis zu drei Jahren nach der Geburt des Kindes. Erst dann kann – mit wirksamem Kündigungsgrund und unter Einhaltung der normalen Kündigungsfrist – der Arbeitnehmerin gekündigt werden.

Sie sind schwanger. Wie gehen Sie jetzt am besten vor?

Informieren Sie Ihren Arbeitgeber – und zwar nicht nur Ihren direkten Vorgesetzten, sondern auch die für das Personal zuständige Stelle in Ihrer Firma – rechtzeitig (und zusätzlich schriftlich) über die Schwangerschaft. Dazu benötigen Sie die Bescheinigung von Arzt oder Hebamme über den voraussichtlichen Entbindungstag. Sobald Sie das erledigt haben, stehen Sie voll unter dem Mutterschutz, können also nicht gekündigt werden.

Sie waren bereits beim Einstellungsgespräch schwanger, haben es aber nicht gesagt? Macht nichts. Auch in diesem Fall genießen Sie den besonderen Kündigungsschutz . Machen Sie auch Gebrauch von Ihrem Recht, wenn Ihnen während der Schwangerschaft gekündigt wird bzw. Sie zum Kündigungszeitpunkt schon schwanger waren, es aber noch nicht wussten. Es gibt Fristen, die Sie unbedingt einhalten müssen: Wird Ihnen während der Schwangerschaft gekündigt, weil Ihr Arbeitgeber nichts von Ihrem Zustand weiß, ist die Kündigung unwirksam, wenn Sie ihn innerhalb von zwei Wochen nach der Kündigung über Ihre Schwangerschaft (per Einschreibenrückschein mit ärztlichem Attest) informieren.

Der besondere Kündigungsschutz endet im Falle einer Fehlgeburt bzw. eines Schwangerschaftsabbruchs.

Achtung:
Wollen Sie selbst kündigen, dann sollten Sie sich das gut überlegen, denn Sie handeln sich damit eine Reihe von Nachteilen ein – beispielsweise eine Sperrzeit des Arbeitsamtes, eventuell den Verzicht auf das Mutterschaftsgeld der Krankenkasse (wenn Sie vor Beginn der Mutterschutzfrist kündigen), den Verlust des Anspruchs auf Ihren Job etc. Dies gilt übrigens auch für einen Aufhebungsvertrag, also eine so genannte Kündigung im beiderseitigen Einvernehmen.

Beschäftigungsverbot In einigen Bereichen gibt es für werdende Mütter ein so genanntes Beschäftigungsverbot. Es wird geregelt durch das Mutterschutzgesetz. Das heißt, dieses Verbot tritt in Kraft, wenn die Gesundheit von Mutter und/oder Kind durch die Arbeit (zum Beispiel durch den Umgang mit gefährlichen Materialien) gefährdet ist. Auch bei einer Risikoschwangerschaft kann ein Beschäftigungsverbot eintreten. Für beide Fälle ist ein ärztliches Attest notwendig. Sie dürfen in solchen Fällen nicht arbeiten, erhalten aber trotzdem vom Arbeitgeber Mutterschutzlohn entsprechend Ihres Verdienstes. Unterliegen Sie dem Beschäftigungsverbot, dann kann der „Big Boss“ Ihnen möglicherweise eine andere, zumutbare Tätigkeit innerhalb der Firma zuweisen: Beispielsweise werden Sie dann nicht mehr im Labor, sondern im Sekretariat eingesetzt. Die Betonung liegt auf dem Wort „zumutbar“, das, wie wir aus anderen Bereichen wissen, ein sehr dehnbarer Begriff ist. Lösen lassen sich solche Probleme am besten durch Gespräche mit dem Personalchef oder dem Betriebsrat bzw. auch mit dem Gewerbeaufsichtsamt.

Überhaupt ist es für alle Beteiligten der beste Weg, gemeinsam nach konstruktiven Lösungen zu suchen und in Ruhe über die einzelnen Aspekte zu sprechen. Sie können viele Pluspunkte machen, wenn Sie zeigen, dass Sie echtes Interesse an und auch Verständnis für die Situation der Firma, des Chefs und Ihrer Kollegen haben. Sie wissen ja, dass aus der Sicht des Arbeitgebers eine schwangere Frau eine Art „Fehlinvestition“ ist. Eine Arbeitskraft, in die vielleicht viel investiert wurde, fällt aus, Kosten entstehen, und unter Umständen muss sogar eine Aushilfe eingestellt werden. Wenig begeistert sind oft auch die Kollegen und Kolleginnen, wenn sie für Sie mitarbeiten – also erhebliche Mehrarbeit leisten – müssen. Dass Ihre Freude nicht überall geteilt wird, ist verständlich. Wenn Sie sich darauf einstellen und entsprechend argumentieren, werden Sie sicher auch Verständnis erwecken und Unterstützung erhalten. Lassen Sie sich nicht auf Vorwürfe ein. Eine Entschuldigung für Ihren Kinderwunsch ist ebenso wenig angebracht. Sie wollen ein Kind – das ist Ihr gutes Recht!

Auf die einzelnen Punkte des Arbeitsschutzes (Ruhepausen, körperlich anstrengende Tätigkeiten, Umgang mit gesundheitsschädlichen Stoffen, Akkordarbeiten, Arbeitszeitregelung, Stillzeiten etc.) möchte ich hier nicht näher eingehen. Detaillierte Informationen hierzu finden Sie im Mutterschutzgesetz.

Die finanzielle Situation

Das Mutterschaftsgeld Es wird für die Dauer der Schutzfristen (also 14 bzw. 18 Wochen) für Frauen mit Vollzeitjob und gesetzlicher Krankenversicherung (Mindestversicherungszeit beachten!) von der Krankenkasse bezahlt und kann bis zu 775,– DM pro Monat betragen. Die Differenz zum durchschnittlichen Nettoverdienst muss der Arbeitgeber übernehmen. Mutterschaftsgeld ist steuer- und sozialversicherungsfrei und muss rechtzeitig bei der Krankenkasse beantragt werden.

Wer privat krankenversichert oder über den Mann familienversichert, also nicht selbst Mitglied einer gesetzlichen Krankenkasse, ist, bekommt einen einmaligen Betrag in Höhe von derzeit 400,– DM vom Bund. Doch obwohl auch hier ein Anspruch auf einen Arbeitgeberzuschuss besteht, wird in der Regel nicht der volle Verdienst erreicht. Ein minimaler Trost: Dieser Betrag wird wenigstens nicht auf das Erziehungsgeld angerechnet. In manchen Fällen kann ein Anrecht auf Entbindungsgeld von der Krankenkasse in Höhe von 150,– DM bestehen.

Der Mutterschutzlohn Er wird beispielsweise an Frauen gezahlt, die einem Beschäftigungsverbot unterliegen. Zugrunde gelegt wird der durchschnittliche Bruttoverdienst vor Beginn der Schwangerschaft. Mutterschutzlohn wird vom Arbeitgeber gezahlt und unterliegt der normalen Steuer- und Sozialversicherungspflicht. Die Zahlung erfolgt automatisch – also ohne Antrag.

Ebenfalls zu klären sind Einzelheiten über Ihre Ansprüche bezüglich Krankheit, Urlaubsregelung, Sonder- und vermögenswirksamer Leistungen, Stillzeiten etc. Informieren Sie sich bitte bei den entsprechenden Stellen.

Nichts läuft ohne Antrag Stellen Sie den Antrag auf Mutterschaftsgeld bei Ihrer Krankenkasse, und zwar unbedingt vor der Entbindung. Frühestens eine Woche vor Beginn der Schutzfrist können Sie das tun. Wenn Sie den Antrag erst nach der Geburt stellen, können Ihnen finanzielle Nachteile entstehen. Sie müssen ein ärztliches Attest über den voraussichtlichen Entbindungstermin beifügen, das nicht früher als sieben Wochen vor dem Entbindungstermin ausgestellt worden sein darf. Sie bekommen von der Krankenkasse eine Bescheinigung über das Mutterschaftsgeld, die Sie an Ihren Arbeitergeber weiterleiten müssen. Dieses Papier ist die Grundlage für Ihren Anspruch auf den Zuschuss des Arbeitgebers.

Das Mutterschaftsgeld (siehe Privatversicherte) des Bundes müssen Sie beantragen beim Bundesversicherungsamt, Stauffenbergstr. 13, 10785 Berlin.

Das steht Ihnen zu – nach der Geburt

Angenommen, Sie wollen nach Ablauf des Mutterschutzes nicht gleich wieder in den Beruf einsteigen. Ihr Verdienst bzw. Mutterschutzgeld/-lohn entfallen. Was steht Ihnen nun noch zu?

Der Erziehungsurlaub

Sich eine Auszeit vom Job zu nehmen, ohne das Risiko eingehen zu müssen, den Arbeitsplatz zu verlieren – darauf haben Sie oder Ihr Partner einen gesetzlichen Anspruch. Egal, ob Sie in der Ausbildung oder Umschulung, voll- oder teilzeitbeschäftigt oder auch nur befristet beschäftigt waren. Sie können aus Ihrem Arbeitsvertrag aussteigen, zwar ohne Lohn oder Gehalt, aber mit der Sicherheit, dass Ihnen der Job erhalten bleibt, wenn Sie nach maximal drei Jahren wieder einsteigen wollen. Diese Wiederbeschäftigungsgarantie – wie es so schön heißt –

erstreckt sich auf einen gleichwertigen Arbeitsplatz; einen Anspruch auf Ihren alten Arbeitsplatz haben Sie aber nicht!

Erziehungsurlaub kann auch Ihr Partner nehmen bzw. Sie können abwechselnd Erziehungsurlaub beantragen – insgesamt drei Jahre für beide Partner; ein Wechsel ist bis zu dreimal zulässig.

Beschäftigungsgarantie – auf freiwilliger Basis Die Anzahl der Firmen, die „frischgebackenen" Eltern mit einer großzügigen Freizeitregelung entgegenkommen, steigt. Allerdings können sich das verständlicherweise meist nur größere Firmen leisten.

Unter Bezeichnungen wie „Elternurlaub" oder „Familienprogramm" können Väter oder Mütter sich länger als den gesetzlichen Erziehungsurlaub (teilweise bis zu sieben Jahren) Zeit für die Erziehung des Kindes oder der Kinder nehmen. Sie bekommen von den Unternehmen eine Beschäftigungsgarantie – natürlich ohne Bezahlung. Diese Regelung ist heute nicht nur in vielen Betriebsvereinbarungen enthalten, sondern bereits in einzelnen Tarifverträgen, beispielsweise bei Versicherungen, festgelegt. Informationen gibt Ihnen Ihr Betriebsrat.

Beantragt werden muss der Erziehungsurlaub beim Arbeitgeber. Sie müssen ihm auch sagen, wie lange und ab wann Sie diese Auszeit nehmen, und zwar spätestens vier Wochen, bevor Sie Ihren Erziehungsurlaub antreten wollen. Am besten sprechen Sie mit dem „Big Boss", sobald Sie klare Zukunftsvorstellungen haben. So kann Ihre Firma besser planen. Die endgültige Vereinbarung sollten Sie sicherheitshalber schriftlich bestätigen, denn diese ist dann verbindlich.

Eine Verlängerung oder vorzeitige Beendigung des Erziehungsurlaubs kann grundsätzlich nur mit der Zustimmung des Arbeitgebers erfolgen.

Während des Erziehungsurlaubs sind Sie beitragsfrei in der gesetzlichen Krankenkasse versichert. Sind Sie privat versichert, sollten Sie sich bei Ihrer Versicherung erkundigen, was zu tun ist. Pro Kind werden Ihnen maximal drei Jahre in der Rentenversicherung angerechnet.

Erziehungsurlaub und ein zweites Kind Sie sind noch im Erziehungsurlaub und erneut schwanger? Dann steht Ihnen Mutterschutz ebenso zu wie der Anteil der Krankenkasse am Mutterschaftsgeld.

Arbeiten Sie Teilzeit, muss Ihr Brötchengeber seinen Anteil entsprechend zahlen. Die Dauer des Erziehungsurlaubs wird ab der Geburt des zweiten Kindes gerechnet.

Die Anzahl der Kinder erhöht die Einkommensgrenze für das Erziehungsgeld. Auch wenn Sie mit einem Kind keinen Anspruch hatten, könnten Sie mit zwei Kindern eventuell die Voraussetzungen erfüllen.

Das Erziehungsgeld

Mit einer kleinen Finanzspritze des Staates lässt sich die neue Situation – kein Einkommen, dafür erhebliche Mehrkosten – etwas besser meistern. Der Unterhalt eines Babys ist nicht gerade preiswert: Kleidung, Nahrung, Windeln, Babysitter – das geht schnell ins Geld. Möchten Sie einen Anhaltspunkt haben, welche Kosten für das neue Familienmitglied auf Sie zukommen werden? Dann fordern Sie die kostenlose Broschüre „Damit können Sie rechnen – so viel kostet das erste Kind" an (Geld und Haushalt – Beratungsdienst der Sparkassen, Broschürendienst, Postfach 80 04 48, 70504 Stuttgart).

Bundeserziehungsgeld wird in den ersten zwei Jahren gewährt und ist so etwas wie der Tropfen auf dem heißen Stein. Die Höhe des Erziehungsgeldes – derzeit maximal 600,– DM im Monat pro Kind – ist abhängig vom Einkommen der Eltern, ob verheiratet oder nicht. Dabei spielen dann auch noch Einkommensgrenzen, die immer weiter erhöht wurden, eine Rolle. Dagegen wurde das Erziehungsgeld fast 15 Jahre lang nicht angehoben. Die Folge: Immer weniger Eltern haben Anspruch auf diese Unterstützung.

In manchen Bundesländern, beispielsweise in Bayern, wird im Anschluss an das Bundeserziehungsgeld für ein weiteres Jahr Landeserziehungsgeld gezahlt.

Voraussetzungen für Erziehungsurlaub und Erziehungsgeld Jeder, der das Sorgerecht für das Kind hat, es selbst betreut und deshalb auf eine bezahlte Tätigkeit verzichtet, hat Anrecht auf Bundeserziehungsgeld und -urlaub.

Der Sinn des Erziehungsgeldes ist es, den Sorgeberechtigten die Möglichkeit zu geben, sich ganz dem Kind zu widmen. Deshalb wird es nicht nur Müttern, sondern auch Vätern gewährt, wenn sie auf ihre (bezahlte) Arbeit verzichten, um das Kind zu betreuen.

Eine gute Nachricht für Frauen, die während der Schwangerschaft nicht berufstätig waren: Auch sie können Bundeserziehungsgeld in Anspruch nehmen.

Wenn Sie vor der Geburt berufstätig waren, müssen Sie Erziehungsurlaub beantragt haben, damit Sie die Voraussetzungen für das Erziehungsgeld erfüllen.

Schüler, Studenten und Auszubildende müssen ihre Ausbildung nicht unterbrechen, um in den Genuss von Bundeserziehungsgeld zu kommen. Selbstständige müssen nachweisen, dass sie die erlaubte Arbeitszeit nicht überschreiten.

Für einen Anspruch auf Landeserziehungsgeld gelten die gleichen Voraussetzungen wie für das Bundeserziehungsgeld.

Teilzeitjob und Erziehungsgeld? Eine berufliche Tätigkeit bis zu 19 Stunden in der Woche ist erlaubt – auch als Teilzeitbeschäftigung. Ausnahmen gibt es beispielsweise für Alleinerziehende, die unter gewissen Voraussetzungen mehr als die 19 Stunden wöchentlich arbeiten dürfen.

Dann ist aber eine Bestätigung des Arbeitgebers bei der Erziehungsgeldstelle vorzulegen.

Und wie immer: Nichts geht ohne Antrag. Den Antrag auf Erziehungsgeld erhalten Sie bei Ihrer Erziehungsgeldstelle. Holen Sie sich den Antrag und alle Unterlagen am besten rechtzeitig vor der Geburt Ihres Kindes.

Erziehungsgeld und Kindergeld Auch wenn Sie Erziehungsgeld beantragen, steht Ihnen Ihr Kindergeld unabhängig davon zu. Informationen darüber finden Sie in der Broschüre „Kindergeld“. Die ist kostenlos unter anderem beim Arbeitsamt erhältlich.

Einen Überblick über die Bestimmungen zu Erziehungsurlaub und -geld gibt Ihnen die Broschüre „Erziehungsgeld – Erziehungsurlaub“, die Sie kostenlos beim Bundesministerium für Familie, Senioren, Frauen und Jugend anfordern können.

Checkliste Schwangerschaft und Job

1. Information an Arbeitgeber, schriftlich mit ärztlichem Attest
2. Recht am Arbeitsplatz
   Mutterschutz:
   - Kündigungsschutz
   - Arbeitsschutz (Ruhepause, Stillzeit etc.)
   - Schutzfrist 14 Wochen
   - evtl. Beschäftigungsverbot
3. Mutterschaftsgeld rechtzeitig beantragen bei der Krankenkasse
   Mutterschaftslohn wird automatisch bezahlt
4. Erziehungsgeld
   Bundeserziehungsgeld: max. 600,– DM für die ersten beiden Jahre, anschließend Landeserziehungsgeld, wo möglich, für ein weiteres Jahr
5. Kindergeld beantragen
6. Erziehungsurlaub bei Arbeitgeber beantragen,
   spätestens 4 Wochen vor Antritt des Erziehungsurlaubs
   maximal 3 Jahre bei bestehendem Arbeitsverhältnis – wechselweise mit Partner möglich

Steuerliche Fragen

Es lohnt sich, sich mit steuerlichen Fragen auseinander zu setzen. Angefangen bei den Steuerklassen, die ein Paar wählt, über das Ehegattensplitting bis hin zur Frage, was ist steuerlich absetzbar auch in puncto Kindererziehung. Vieles wird diskutiert, weniges realisiert. Dennoch: Sprechen Sie einmal mit einem Steuerberater.

Immerhin kann ein Kinderfreibetrag jährlich bei der Steuererklärung geltend gemacht werden.

Hilfen für Alleinerziehende

Alleinerziehende, die es meist besonders schwer haben, finanziell über die Runden zu kommen, können unter Umständen auch einen Haushaltsfreibetrag (für Kinder unter 18 Jahren) sowie den vollen Kinder- und Ausbildungsfreibetrag angerechnet bekommen.

Zudem gibt es Unterhaltsvorschuss (unter bestimmten Voraussetzungen), falls der Vater keinen Unterhalt zahlt. Fragen Sie beim Jugendamt nach.

Wenn alle anderen Geldtöpfe ausgeschöpft sind, kann eventuell eine einmalige Unterstützung durch eine Stiftung beantragt werden. Infos erhalten Sie bei Schwangerschaftsberatungsstellen und Wohlfahrtsverbänden.

Frauen, die wegen des Kindes keinen Beruf ausüben können, weil sonst die Pflege und Erziehung des Kindes nicht gewährleistet sind, haben Anspruch auf Sozialhilfe.

Informationen gibt Ihnen die Broschüre „So schaffe ich es allein“, erhältlich über den Bundesverband alleinstehender Mütter und Väter (VAMV), Von-Groote-Platz 20, 53173 Bonn (Rücksendeporto in Höhe von 3,– DM bitte beilegen).

II. Kinderbetreuung – was kommt für Sie infrage?

Wann Sie wieder in den Job einsteigen werden, hängt in starkem Maße auch davon ab, wie Sie Ihr Kind unterbringen können. Da spielen wieder die alten Vorurteile eine Rolle („Nur Rabenmütter geben ihre Kinder zu Tagesmüttern“), aber auch finanzielle Aspekte und die individuelle berufliche und persönliche Situation geben den Handlungsrahmen vor. Nur wenige Frauen haben das Glück, dass ihre Eltern sich nichts sehnlicher wünschen, als das Enkelkind zu betreuen. Oft sind die Eltern selbst noch sehr aktiv und froh, dass sie nun endlich nicht mehr Rücksicht nehmen müssen auf Kinder, berufliche Verpflichtungen etc. Warum sollten die eigenen Wünsche jetzt, wo sie endlich einmal an erster Stelle stehen können, wieder zurückgestellt werden, nur weil die Tochter so „egoistisch“ ist und alles im Leben haben möchte? Sie, die Eltern, konnten das schließlich auch nicht! Und schon wieder wird der Egoismus angeprangert. In dieser schwierigen Situation reagiert frau entsprechend empfindlich.

„Ich wollte am liebsten mit meinen Eltern nichts mehr zu tun haben“, sagt Claudia. „Mein ganzes Leben musste ich mir anhören, was sie alles für mich getan haben, worauf sie verzichtet haben. Und ständig die großen Sprüche, dass sie immer für mich da sind, wenn ich sie brauche... Nun hätte ich sie gebraucht, und was höre ich? Vorwürfe – nichts als Vorwürfe.

Sie beschuldigen mich sogar, dass ich meinen Egoismus zu ihren Lasten ausleben würde. All das nur, weil ich angefragt habe, ob sie mein Kind betreuen würden. Sogar mit einer teilweisen Unterstützung wäre mir schon sehr geholfen, zum Beispiel in den Ferien. Aber anstatt mir zu helfen oder mich wenigstens zu verstehen, greifen sie mich an! Ich kann mir schon jetzt gut vorstellen, wie sie sich später als stolze Großeltern mit einem hübsch angezogenen Sonntagskind brüsten werden. Aber etwas dazu beitragen – das wollen sie nicht.“ Claudia – und sie ist kein Einzelfall – ist enttäuscht und verletzt, sie fühlt sich von den Eltern im Stich gelassen. Aber dann findet sie zu ihrer alten Einstellung zurück: Nur nicht unterkriegen lassen! Jetzt erst recht! Also macht sie sich auf die Suche.

Nur derjenige, der weiß, wohin er will, kann sein Ziel auch erreichen. Deshalb fragen Sie sich zuerst einmal, was Sie brauchen.

Checkliste Kinderbetreuung

- Wann wollen Sie beruflich wieder einsteigen? Wie alt ist das Kind dann?
- Wie viel Zeit nimmt Ihr Job in Anspruch?
- Wie viele Stunden am Tag muss das Kind von anderen Personen betreut werden?
- Wer lebt in Ihrem Haushalt und könnte diese Aufgabe (zum Teil) übernehmen (freiberuflich tätiger Partner, Verwandte)?
- Kann Ihr Partner das Kind betreuen?

- Können die Arbeitszeiten so flexibel eingeteilt werden, dass das Kind überwiegend von Ihnen und Ihrem Partner betreut werden kann und Sie nur für spezielle Situationen eine Hilfe benötigen?
- Wer könnte Sie sonst unterstützen (Eltern, Freunde, Nachbarn in ähnlicher Situation)?
- Soll das Kind in Ihrem eigenen Haus betreut werden?
- Ist Ihnen der Gedanke angenehm, eine fremde Person im Haus zu haben – stundenweise oder vielleicht sogar ständig?
- Soll das Kind zu Hause abgeholt werden, oder bringen Sie es lieber zur Betreuungsperson?
- Wer könnte diesen Bring-/Abholdienst übernehmen?
- Kann das Kind von Verwandten, Bekannten etc. betreut werden?
- Soll das Kind mit anderen Kindern zusammen aufwachsen (Krabbelgruppe, Tagesmutter mit mehreren Kindern)?
- Welche Hilfen gibt es in Notfällen (kranke Tagesmutter, ansteckende Krankheit der Kinder)?
- Für welchen Zeitraum planen Sie (kurz- oder langfristig; bis zum Kindergartenalter; bis zum Schulalter)?

Egal, für welche Lösung Sie sich auch entscheiden: Wo immer Sie Ihr Kind betreuen lassen, selbst wenn es nur bei der Oma ist, sollten Sie vorsorgen. Das geht ganz einfach, indem Sie sich nämlich eine Liste erstellen, auf der alle wesentlichen Punkte notiert sind. Bei Ihnen zu Hause sollte diese Liste an einem gut sichtbaren Platz angebracht sein, sodass jeder jederzeit Einblick nehmen kann (zum Beispiel der Babysitter). Auf diese Weise kann jeder Notfall schnell unter Kontrolle gebracht werden. Eine solche Aufstellung sollte folgende Angaben enthalten:

1. Wo sind Sie, Ihr Partner oder andere Bezugspersonen telefonisch erreichbar?
2. Telefonnummern und Anschriften vom Kinder- und Hausarzt, von der Nothilfe.
3. Besonderheiten des Kindes, wie Allergien, Ängste, Essgewohnheiten etc.
4. Darf es bestimmte Dinge nicht essen oder nicht tun?
5. Bestehende Krankheiten und einzunehmende Medikamente

6. Gewohnheiten des Kindes (beispielsweise, ob es oft weint oder bockig ist).
7. Wie kann das Kind belohnt, getröstet oder beruhigt werden?

Was braucht das Kind?

Damit Ihr Kind keinen Schaden nimmt, wenn es nicht allein von Ihnen betreut wird, sollten Sie immer seine Bedürfnisse berücksichtigen. Unabhängig von seinem Temperament, Entwicklungsstadium und seinen persönlichen Eigenheiten ist eine weitere Bezugsperson für ein Kind immer etwas Neues (was durchaus nicht negativ sein muss). Aber alles Neue benötigt Zeit. Zeit, sich an eine fremde Person zu gewöhnen, sie kennen zu lernen, sich in einer anderen Umgebung wohl zu fühlen, mit anderen Kindern zusammen zu sein. Dafür braucht nicht nur ein Kind Zeit. Auch Sie selbst benötigen Zeit und viel Geduld. Investieren Sie in eine solche Eingewöhnungsphase lieber zu viel als zu wenig. Damit schaffen Sie eine solide Basis. Ihr Kind kann sich einstellen und umstellen – in Ruhe und mit dem sicheren Gefühl: Mutter ist da. Kinder benötigen Stabilität, Zuverlässigkeit, Harmonie und einen geregelten Tagesablauf. Dann können Sie sich zu stabilen Persönlichkeiten entwickeln mit einem tiefen Urvertrauen und echtem Selbstbewusstsein. Zu viele Wechsel und Unruhe tun Kindern nicht gut. Schaffen Sie also ganz persönliche „Inseln“: Planen Sie feste Rituale ein, beispielsweise Vorlesezeiten, Kuschelzeiten etc.

Tagesmütter – ein Mutterersatz?

Für die Betreuung von Kindern bis zu drei Jahren, aber auch für Kinder, die in die Schule gehen, ist eine Tagesmutter ideal. Wie der Name bereits ausdrückt, betreut sie die Kinder tagsüber, wobei individuelle Regelungen getroffen werden. Sie kann Kinder von früh bis abends, stundenweise oder nur an bestimmten Tagen in ihrer eigenen Wohnung betreuen und versorgen. Sie übernimmt also für die jeweilige Zeit die Aufgabe der Mutter, kümmert sich um die Kinder, betreut sie und spielt mit ihnen. Daraus ergibt sich bereits die große Verantwortung, die bei der Tagesmutter liegt. In der Zeit, in der die Mutter nicht anwesend sein kann, tritt die Tagesmutter an ihre Stelle.

Daraus ergibt sich naturgemäß eine Reihe von Problemen. Deshalb ist es ausgesprochen wichtig, die richtige Tagesmutter zu finden. Sie sollten sich daher über alle Vor- und Nachteile einer Tagesmutter im Klaren sein.

Tagesmutter – (k)ein Beruf

Als Tagesmutter kann jede Frau fremde Kinder betreuen, ohne dass sie dazu eine Ausbildung oder Qualifikation benötigt. Das ist von Nachteil, denn einerseits wird die Bedeutung einer Tagesmutter dadurch abgewertet, und andererseits ist es schwierig, eine gute, qualifizierte Tagesmutter zu finden, da es ja keinerlei Orientierungskriterien gibt. Doch der Markt ist in Bewegung, und mittlerweile werden auch in Deutschland Weiterbildungskurse zur „geprüften Tagesmutter IHK" angeboten (beispielsweise bei der Familienbildungsstätte Elly-Heuss-Knapp, Herzog-Wilhelm-Straße 24, 80331 München, Tel. 089/552241-0/ Fax 5501271).

Als Tagesmütter sind meist Frauen tätig, die selbst kleine Kinder haben, im Erziehungsurlaub sind oder die einfach gerne Kinder aufziehen und betreuen. Viele behalten das bei, auch wenn ihre eigenen Kinder schon größer oder aus dem Haus sind. Arbeitszeiten, Urlaub, Bezahlung etc. sind nicht durch Berufsverbände oder Ähnliches festgelegt und müssen daher individuell ausgehandelt werden.

Das Verhältnis Mutter – Tagesmutter

Dass die Mutter bzw. die Eltern des Kindes und die Tagesmutter auf einer Wellenlänge sein sollten, muss eigentlich nicht erwähnt werden. Schließlich ist sie es, die einen großen Teil der Zeit mit Ihrem Liebling zusammen ist und die natürlich seine Entwicklung nicht unmaßgeblich beeinflusst. Ist Ihnen die Tagesmutter nicht wirklich sympathisch, fühlen Sie sich bei ihr zu Hause nicht wohl, sind Sie nicht begeistert von der Art und Weise, wie sie mit den Kindern umgeht, dann können Sie eine solche Adresse getrost vergessen. Die Hoffnung, dass es schon werden wird, brauchen Sie sich gar nicht zu machen. Die Chemie muss stimmen! Das ist eine der Grundvoraussetzungen überhaupt. Zudem muss natürlich Übereinstimmung herrschen, was die Erziehungsziele angeht und die Art und Weise, wie man mit Kindern umgeht. Ansonsten werden Sie Ihres Lebens nicht richtig froh.

Wie finde ich eine Tagesmutter?

Sprechen Sie mit Bekannten und Freunden, deren Kinder bei Tagesmüttern untergebracht sind. Die Mund-zu-Mund-Propaganda ist die beste Empfehlung. Anzeigen und Aushänge können unter Umständen auch weiterhelfen. Auf jeden Fall sollten Sie aber beim Jugendamt vorsprechen. Es ist verpflichtet, Sie zu beraten, und kann Ihnen qualifizierte und erfahrene Tagesmütter vermitteln.

Was kostet die Tagesmutter?

Tagespflege ist eine freiberufliche Tätigkeit. Das bedeutet, dass Sie den vereinbarten Pflegesatz zu zahlen haben, während die soziale Absicherung der Tagesmutter überlassen bleibt. In der Regel wird ein stündlicher Betreuungssatz oder ein Pauschalbetrag vereinbart. Bei einem Anhaltspunkt, was ortsüblich ist, kann Ihnen das Jugendamt weiterhelfen, und auch Umfragen im Bekanntenkreis zeigen Ihnen, in welcher Bandbreite die Preise liegen.

Für finanziell schwache Familien bestehen Möglichkeiten der (teilweisen) Kostenübernahme durch die Jugendämter.

In der Regel gibt es keine Verträge für die Tagespflege, was leicht zu Missverständnissen führen kann. Es ist deshalb sinnvoll, wenn Sie eine private schriftliche Vereinbarung mit der Tagesmutter treffen. Hierzu gibt es Vertragsmuster, die zu beziehen sind über den Bundesverband Tagesmütter, Breite Str. 2, 40670 Meerbusch, Tel. 02159/1377, Fax 2020. In einer solchen Vereinbarung sollten unter anderem folgende Punkte geregelt sein:

1. Auskunfts- und Schweigepflicht
2. Beginn und Umfang der Tagespflege
3. Betreuungsgeld – inkl. Erhöhung oder Kürzung
4. Urlaub
5. Beendigung des Vertragsverhältnisses

6. Diverses wie Arztbesuche und Krankheit des Kindes, unverschuldete Verhinderung der Tagesmutter etc.

Sie sollten auch wissen, dass Ihre Haftpflichtversicherung nicht greift, wenn Ihr Kind von anderen Personen betreut wird. Sie übergeben dann nämlich die Aufsichtspflicht an die Tagesmutter, so dass diese für eventuelle Schäden haftet. Deshalb sollte die Tagesmutter ihre Haftpflichtversicherung auf die Betreuung fremder Kinder erweitern.

Kinder und auch Schüler und Studenten sind gesetzlich versichert, und zwar im Kindergarten und auf dem Weg zur Schule bzw. zur Universität. Die „Gemeinde-Unfallversicherung" haftet dann bei Unfällen. Aber Unfälle, die in der Freizeit passieren, sind nicht abgedeckt. Eine Kinderunfallversicherung kostet kaum mehr als 10,– DM im Monat und ist sicherlich keine Fehlinvestition.

Vor- und Nachteile der Tagesbetreuung

Folgende Punkte sprechen für die Tagesbetreuung:

- Flexible Betreuung, der individuellen Situation entsprechend
- Betreuung auch bei Krankheit des Kindes, während der Ferien etc.
- Individuellere Betreuung im kleinsten Kreis
- Gute Entwicklungsmöglichkeiten durch die „Tages-Geschwister"

Hier sind die Schattenseiten:

- Oft keine qualifizierte Ausbildung der Tagesmutter
- Fixierung auf die Tagesmutter (schwierig bei Ausfall durch Krankheit)
- Großer Einschnitt im Leben des Kindes (andere Umgebung und Bezugsperson)

Was ist zu beachten?

Bei der Auswahl einer geeigneten Tagesmutter sollten Sie noch einige weitere Aspekte berücksichtigen, nämlich die Anzahl der Kinder, die dort betreut werden, deren Alter und die Fluktuation. Wichtig ist auch das Umfeld der Tagesmutter. Leben eventuell kranke Personen im Haushalt, auf wen muss Rücksicht genommen werden, muss mit Veränderungen (Umzug etc.) gerechnet werden? Wie geht der Partner der Tagesmutter mit den Kindern um?

Stundenweise Betreuung: der Babysitter

Wenn Sie abends mal einen geschäftlichen Termin haben oder mit dem Göttergatten ins Theater möchten: Für einige Stunden eine vertrauenswürdige Person zu finden, die auf Ihr Kind aufpasst, ist meist nicht schwierig. Für solche stundenweise Betreuung sind Familienmitglieder die ersten Ansprechpartner, wenn sie in der Nähe wohnen. Ansonsten fragen Sie einmal bei Bekannten nach.

Der Babysitter muss absolut vertrauenswürdig sein und mit kleinen oder auch größeren Kindern gut umgehen können. Fragen Sie nach Referenzen. Machen Sie lieber mal einen Probeabend (vielleicht wenn Sie bei der Nachbarin sind, damit Sie schnell nachschauen können, wie es mit dem Babysitter läuft). Hinterlassen Sie auf jeden Fall die Notfallliste mit allen Telefonnummern und wichtigen Angaben zu Hause.

Kindertageseinrichtungen

Was tun mit Kindern unter drei Jahren bzw. im schulpflichtigen Alter, wenn die Eltern berufstätig sind? Aus der Notlage heraus, dass viele Institutionen nicht ihren Bedürfnissen entsprechen, haben sich Eltern vielfach selbst engagiert, haben Elterninitiativen (Anschrift s. Seite 151) gegründet und bessere Betreuungseinrichtungen ins Leben gerufen. Sofern solche Institutionen als gemeinnützige Vereine anerkannt werden, gibt das Land oder die Kommune Zuschüsse, es gibt fachliche Betreuung und Unterstützung. Wäre das eine Möglichkeit für Sie, zusammen mit anderen Mütter die ideale Kinderbetreuung ins Leben zu rufen?

Ansonsten gibt es folgende Institutionen:

Die Krippe

Die Krippe ist eine Einrichtung, die zu Unrecht in einem schlechten Ruf steht. Das Wort löst häufig die Assoziation aus, ein kleines Kind werde regelrecht abgeschoben. Dabei werden die Kinder hier von qualifizierten, ausgebildeten Personen betreut. Dennoch: Mit diesem Vorurteil werden Sie wohl als Erstes zu kämpfen haben. Doch der Kampf geht weiter, falls eine Krippe die ideale Lösung für Ihre Situation wäre: Es gibt zu wenig Krippen und in manchen Gebieten (meistens auf dem Land) so gut wie gar keine. Lange Wartelisten sind daher die Regel – selbst für so genannte Härtefälle wie Alleinerziehende, die auf ihr Einkommen angewiesen sind.

Wie finde ich eine Krippe? Wo sich Krippen von öffentlichen Trägern befinden und nach welchen Kriterien die Plätze vergeben werden, erfahren Sie beim Jugendamt, bei den Wohlfahrtsverbänden und den Kirchen. Zudem gibt es Krippen, die aufgrund von Privatinitiativen entstanden sind und die den individuellen Bedürfnissen meist besser angepasst sind.

Fragen Sie Eltern, deren Kinder in Krippen untergebracht sind. Schauen Sie sich Krippen an, und achten Sie darauf, wie viele Kinder von einer Person betreut werden, wie groß die Gruppen sind und welche Altersklassen es gibt, wie das Spielangebot ist. Wie sind die Räumlichkeiten (Spielplatz in der Nähe, Garten etc.), werden Eigenheiten der Kinder berücksichtigt, können sich die Kinder zurückziehen?

Was kostet ein Krippenplatz? Die Kosten für die Betreuung in Tageseinrichtungen sind abhängig vom Einkommen der Eltern und können bis zu 600,– DM im Monat betragen. Privatkrippen sind meist noch teurer, da die öffentliche Förderung ganz oder teilweise fehlt. Für ein zweites Kind (Alter: 4 Monate bis 14 Jahre) entfallen dann die Kosten, auch wenn das Kind eine andere Einrichtung besucht.

Vor- und Nachteile der Krippe

Vorteile:

- Überwiegend Ganztageseinrichtungen
- Meist altersmäßige Mischung der Kinder
- Fördert die soziale Entwicklung (besonders bei Einzelkindern)
- Günstige Öffnungszeiten

Nachteile:

- Zu wenig Plätze
- Vergabe nach bestimmten Vorlagen

- Großer Einschnitt im Leben des Kindes (allein in fremder Umgebung mit fremden Menschen)

Was ist zu beachten?

Sich viel Zeit zu nehmen für die Eingewöhnungsphase ist äußerst wichtig. Ihr Kind muss sich – mehr oder weniger langsam – umstellen. Alles ist zunächst fremd: der Tagesablauf, die Betreuer, die anderen Kinder und die neue Umgebung. Planen Sie in der Anfangsphase wirklich viel Zeit ein, die Sie mit Ihrem Kind in der Krippe verbringen können. So sehen Sie, ob die Krippe auch Ihren Vorstellungen entspricht. Wenn ja, bestärkt Sie das, dass Ihre Entscheidung richtig war. Nach und nach können Sie sich zurückziehen, halten sich aber sicherheitshalber in der Nähe (in Rufweite im Nebenzimmer) auf, bis Sie sehen, dass Ihr Kind sich in der neuen Umgebung wohl fühlt. Scheuen Sie sich nicht, am Anfang jeden Tag anzurufen, um mit Ihrem Kind zu sprechen. Es fühlt sich dann nicht allein und weiß, Sie sind da, auch wenn Sie nicht anwesend sind. Jede gute Krippe begrüßt solche Aktivitäten.

Die Betreuerin muss natürlich so viel wie möglich über das Kind wissen. Nehmen Sie sich auch dafür viel Zeit. So lernen Sie auch die Menschen besser kennen, die für Ihr Kind sorgen – auch das stärkt Ihr Vertrauen in diese Institution. Geben Sie eine Liste mit Wünschen und Eigenheiten Ihres Sprösslings ab (siehe auch die Notfallliste, Seite 155), und bitten Sie die Betreuer, Sie über jede Schwierigkeit zu informieren.

Auch wenn Ihr Kind sich gut eingewöhnt hat, sollten Sie immer wieder einmal ein ausführliches Gespräch führen. Nehmen Sie Veränderungen im Verhalten Ihres Kindes ernst. Vielleicht fühlt es sich doch nicht wohl in der Krippe? Gehen Sie auch den geringsten Verhaltensveränderungen Ihres Kleinen nach!

Der Kindergarten

Laut Gesetz haben Kinder ab dem dritten Lebensjahr bis zur Schulpflicht einen Anspruch auf einen Kindergartenplatz. Die diesbezüglichen Probleme sind hinreichend bekannt, wie die geringe Anzahl der Ganztagesplätze. Wenngleich in den letzten Jahren die Zahl der Kindergartenplätze gestiegen ist, so sollten Sie nicht unbedingt mit einer tatsächlichen Verbesserung rechnen: Denn auch hier ist oft am Bedarf vorbei geschaffen worden. Sogar die neuen Plätze entsprechen nicht den Bedürfnissen, sind ungünstig gelegen oder haben Öffnungszeiten, die für Berufstätige nicht zu bewältigen sind. Vielfach wird Punkt zwölf Uhr geschlossen.

Wie soll das eine berufstätige Mutter schaffen, selbst wenn sie nur halbtags beschäftigt ist? Viele sogenannte Ganztageskindergärten schließen zwischen 12 und 14 Uhr. Hier ist Eigeninitiative gefordert, um eine Änderung herbeizuführen.

Kindergärten werden von den Kommunen, Kirchen oder Wohlfahrtsverbänden betrieben. Zudem gibt es die Waldorfkindergärten, die wie die Waldorfschulen anthroposophisch ausgerichtet sind, außerdem die „Natur- und Bewegungskindergärten", in denen die Kinder sich viel im Freien bewegen, sowie musisch ausgerichtete oder auch heilpädagogische Kindergärten.

Wie finde ich einen Kindergarten? Sie können sich in der Gemeinde oder beim Jugendamt, aber besser noch im Bekanntenkreis umhören, wo in Ihrer Nähe ein guter Kindergarten liegt. Erkundigen Sie sich über Öffnungszeiten, schauen Sie sich die Kinder und die Betreuer an. Welche räumlichen Voraussetzungen sind gegeben, wie ist der Tagesablauf, wo liegt der Schwerpunkt? Welche Erziehungsziele hat der Kindergarten?

Was kostet der Kindergartenplatz? Das Minimum für einen Halbtagesplatz beträgt 75,– DM; für die Ganztagsbetreuung sollten Sie bis zu 800,– DM pro Monat einplanen.

Vor- und Nachteil des Kindergartens

Vorteil:

- gut für die soziale Entwicklung des Kindes – nicht nur bei berufstätigen Eltern.

Nachteil:

- starre Öffnungszeiten.

Was ist zu beachten? Suchen Sie einen Kindergartenplatz rechtzeitig (es gibt Wartelisten!), dann haben Sie die besten Chancen, einen Ihren Bedürfnissen entsprechenden Platz zu finden.

Sich in einem Kindergarten einzuleben stellt einen wichtigen Schritt im Leben eines Kindes dar. Verständnis, Geduld und Unterstützung sind hierbei unbedingt notwendig. Beobachten Sie gerade in der ersten Zeit Ihr Kind genau. Fühlt es sich wirklich wohl?

Die Kinderfrau

Sie betreut die Kinder im Haushalt der Eltern und ist im Gegensatz zur Tagesmutter nicht freiberuflich tätig, sondern hat ein Arbeitsverhältnis mit den Eltern. Dadurch ergeben sich für Sie Verpflichtungen (Steuer- und Sozialversicherungspflicht, Unfallversicherung, Arbeitszeitregelung etc.). Eine Kinderfrau kann auf 630-DM-Basis oder Vollzeit (mit Steuerkarte) beschäftigt werden. Sie können auch auf Honorarbasis eine Kinderfrau beschäftigen, die dann als Selbstständige für Sie tätig ist. Eine schriftliche Vereinbarung ist unbedingt erforderlich.

Au pair

Vielleicht ist das die Lösung für Sie: Eine junger Frau oder ein junger Mann (Alter: 18 – 24 Jahre) aus dem Ausland lebt bei Ihnen und versorgt Ihr Kind. 30 – 36 Stunden pro Woche für die Kinderbetreuung, ab und zu Babysitten am Abend und leichte Hausarbeiten sind bei einem Au-pair-Vertrag vorgesehen. Dafür erhält der Jugendliche die Gelegenheit, einen Sprachkurs (mindestens vier Stunden pro Woche) zu besuchen. Au-pair-Verträge werden für sechs Monate bzw. ein Jahr geschlossen.

Wie finde ich ein Au-pair-Girl oder einen Au-pair-Boy? Wenden Sie sich an die auf Seite 154 f. angegebenen Anschriften oder an den Verein für internationale Jugendarbeit in Köln, Telefon 0221/319541 – jeweils Mittwoch und Donnerstag 14–16 Uhr.

Was kostet ein Au-pair-Mädchen? Abgesehen von Kost und Logis (ein Au-pair-Mädchen lebt ja mit in Ihrem Haushalt, selbstverständlich im eigenen Zimmer) wird ein Taschengeld von mindestens 400,– DM im Monat bezahlt. Hinzu kommen die Kosten für den Sprachkurs sowie die Fahrtkosten zum Sprachinstitut, Unfall- und Krankenversicherung sowie kleinere Beträge für Diverses. Insgesamt können Sie mit ca. 10 000,– DM pro Jahr (inklusive der Vermittlungsgebühren), also mit knapp 1 000,– DM im Monat, rechnen; darin sind Kost und Logis nicht enthalten.

Vor- und Nachteile des au pair

Vorteile:

- Sie haben immer jemanden im Haus, der sich um die Kinder kümmert.
- Sie und auch Ihr Kind lernen Menschen aus anderen Ländern besser kennen; das fördert Toleranz und Verständnis.
- Lebenslanger guter Kontakt ist möglich.

Nachteile:

- Je nach Persönlichkeit des au pair haben Sie unter Umständen ein Kind zusätzlich.
- Sie tragen die Verantwortung für den jungen Menschen.
- Sie müssen für das au pair zusätzlich Zeit aufwenden, zumindest in der Eingewöhnungsphase (Heimweh; eventuell Kontakt- und Sprachprobleme).
- Es gibt keine Garantie, dass die Chemie zwischen dem au pair und Ihrem Kind bzw. Ihnen stimmt.

Kinderbetreuung als Dienstleistung

Überall in größeren Städten gibt es Firmen, die sich auf die Vermittlung von Kinderbetreuungspersonal spezialisiert haben sowie individuelle Lösungen für jede Situation erarbeiten. In der Regel schließt ein Unternehmen einen Vertrag mit diesem Dienstleister ab. Das Dienstleistungsunternehmen berät die Mitarbeiter, vermittelt Kontakte, Tagesmütter oder was sonst für die Kinderbetreuung (und die Pflege von kranken und alten Familienangehörigen) erforderlich ist. Die Mitarbeiter bezahlen lediglich die Betreuungskosten.

Bekannt ist der Familienservice (Anschrift siehe Seite 154), der mit einer Reihe von großen Firmen zusammenarbeitet. Er berät nicht nur individuell, sondern hilft beispielsweise auch, Partner für „Care-Sharing“ zu finden, bei dem sich zwei Familien in der Kinderbetreuung abwechseln. Damit können Kosten gespart und eventuell ungünstige Arbeitszeiten abgedeckt werden.

Schule und Hort

Vera glaubte, wenn Jens erst mal in die Schule gehen würde, dann wäre das Schlimmste überstanden. Weit gefehlt! Dann geht's erst richtig los! Konnte man mit den wenigen Stunden im Kindergarten wenigstens fest rechnen, lässt sich in den ersten Schuljahren so gut wie nichts mehr planen.

Der Stundenplan scheint mit Planung wenig zu tun zu haben: Stunden fallen aus oder werden umgelegt – ohne vorherige Ankündigung. Selbst der so genannte regelmäßige Unterricht ist unregelmäßig, er variiert mit einem Schulbeginn von acht Uhr bis zehn Uhr, von den wochenlangen Ferienzeiten einmal ganz abgesehen.

Weit entfernt vom Traum der Ganztagsschule, die in vielen unserer Nachbarländer üblich ist, müssen wir uns um eine passable Lösung bemühen.

Aber selbst wenn Sie die Probleme mit der Schulzeit meistern, bleiben immer noch die Ferien! Und Schulen, denen ein Hort angeschlossen ist, sind rar.

Ein Kinderhaus oder ein Hort wäre eine der Lösungen. Dort werden die Kinder nach der Schulzeit betreut, erhalten ihr Essen, machen ihre Hausaufgaben und können unter mehreren Freizeitangeboten auswählen – alles bei qualifizierter Betreuung.

Je nach Bundesland gibt es unterschiedliche Regelungen für die Hortplätze – zum einen für Schulkinder im Alter von 6 – 14 Jahren, es gibt aber auch Horte für Kinder von 3 – 14 Jahren. Eines aber gilt bundesweit: Es gibt zu wenige Hortplätze!

Wie finde ich einen Schulhort?

Fragen Sie bei der Schule oder beim Schulamt nach.

Was kostet ein Platz im Hort?

Er kostet je nach Institution mindestens 250,– DM im Monat.

Was ist zu beachten?

Es gibt viel zu wenig Betreuungsmöglichkeiten für Kinder nach der Schule und erst recht für die Ferienzeiten. Kümmern Sie sich rechtzeitig um einen Platz – auch bei verschiedenen Stellen. Bleiben Sie am Ball, denn ständiges Nachfragen erhöht Ihre Chance, einen der wenigen Plätze zu bekommen.

Familie, Freunde & Co.

Angenommen, Sie hatten Pech und konnten Ihr Kind nicht in einer öffentlichen Institution unterbringen, wollen aber dennoch bald wieder arbeiten. Nehmen Sie Ihr privates Umfeld unter die Lupe:

Checkliste Familie und Freunde

- Wer wohnt in meiner Umgebung (Familienmitglieder, Freunde, Bekannte)?
- Wer hätte theoretisch Zeit für mein Kind?
- Kann ich mir vorstellen, dass diese Person mein Kind nehmen würde? Wie viel Zeit würde sie dafür aufwenden wollen?
- Wie ist mein Verhältnis zu dieser Betreuungsperson?
- Fühle ich mich wohl bei dem Gedanken, dass mein Kind bei dieser Person ist; kann sie gut mit dem Kleinen umgehen, kann ich ihre Erziehungsmethoden akzeptieren?
- Würde mein Kind sich bei dieser Person wohl fühlen?
- Ist diese Person zuverlässig und gesund oder eher kränklich (mögliche Ausfälle)? Kann sie dem Kind geben, was es braucht?

- Was kann ich tun, damit ich nicht in eine moralische Abhängigkeit gerate (Bezahlung, Gegenleistung etc.)?
- Wäre eventuell ein Umzug in eine Wohngemeinschaft (Alleinerziehende!) zu überlegen?
- Wie sieht es mit dem Göttergatten aus: Kann er eine Zeit lang beruflich zurückstecken (Teilzeit, Arbeit zu Hause oder andere Arbeitsplanung bei Selbstständigen)? Ist er überhaupt dazu bereit?
- Welche Regelung könnten Sie miteinander treffen?
- Wie sieht es in Ihrem Bekannten- und Freundeskreis aus?
- Können Sie gemeinsam eine Elterninitiative auf die Beine stellen?
- Wer ist in einer ähnlichen Situation wie Sie?
- Könnte Ihre Freundin/Bekannte/Nachbarin Ihr Kind nehmen; passen die Kinder altersmäßig zusammen; verstehen sich die Kinder?
- Könnten Sie eventuell eine Lösung finden, bei der Sie und Ihre Freundin abwechselnd die Kinder betreuen? Wie könnte eine solche Lösung praktisch aussehen?
- Entstehen Kosten und in welcher Höhe?
- Was tun bei Krankheit/Urlaub etc.

Vermutlich wäre Ihnen schon geholfen, wenn Oma für ein halbes Jahr voll einspringen könnte. Aber die Omas sind heute einfach nicht mehr so wie früher. Sie haben ihre eigenen Vorstellungen und sind häufig und von Herzen gern bereit, mal ein, zwei Tage den goldigen Enkel zu nehmen. Aber sich länger zu verpflichten und auf die Bridge-Nachmittage, die Bergtouren und die Fernreisen zu verzichten – das entspricht nicht mehr der Vorstellung, die Oma von ihrem Leben hat. Nicht nur die Berufstätigkeit junger Mütter sprengt alte Klischees über Frauen und Mütter. Auch das Image der Oma hat sich verändert. Oma ist längst keine Familienglucke mehr; Omas sind heute attraktiv, fit und geistig rege. Ihr Leben ist noch lange nicht vorbei, und für manche von ihnen beginnt jetzt erst die Freiheit! Da ist es kein Wunder, dass sie dieses neue Gefühl, frei von Verpflichtungen zu sein, nicht mehr missen und eintauschen möchte, um Enkel aufzuziehen. Kinder hat sie nämlich schon einmal aufgezogen – und zwar erfolgreich, wie man an Ihnen sieht!

Auch wenn Ihre Mutter oder Ihre Freundin Ihr Ansinnen der Kinderbetreuung klar abgelehnt haben, sollten Sie erstens nicht beleidigt sein und zweitens noch nicht ganz aufgeben. Versuchen Sie es doch mal mit einem Trick:

Carolina sollte Hals über Kopf für ein, zwei Wochen zur Erbtante in die USA fahren. Die Tante kränkelte, und natürlich hatte die ganze Familie ein berechtigtes Interesse, gut da zu stehen. Und Carolina war nun mal Tantes Liebling. Nichts hätte Carolina lieber getan, als ein paar Tage in die Ferne zu entschwinden, den Windeln, dem Wäschetrockner und dem Frust, dass sie den geplanten Wiedereinstieg nicht so früh vollziehen konnte, wie sie es vorhatte. Sie konnte nämlich Jacques aus diversen Gründen nirgendwo unterbringen. Die einzige akzeptable Lösung wäre ihre Mutter gewesen, doch die hatte sich von Anfang an standhaft geweigert. Hier lag aber genau Carolinas Chance: Entweder Mutter nimmt den Kleinen, oder die Erbtante wird sauer. Mit der Betonung auf „aber nur ausnahmsweise“ übernahm Mutter den Jungen zähneknirschend in Teamarbeit mit Carolinas Partner und einer hervorragenden Planung. Die Erbtante hatte mal wieder etwas übertrieben, und die Diagnose Angina pectoris erwies sich – wie schon des öfteren – als Resultat ihrer ungezügelten Lust am Essen. Carolina hätte gut und gerne schon nach zehn Tagen die Rückreise antreten können, doch die Telefonate mit ihrer Mutter ließen sie aufhorchen. Ihre Mutter sprach mit zunehmender Begeisterung von dem Kind, und Carolina traute ihren Ohren nicht: Ihre Mutter benutzte immer häufiger die Formulierung „wir werden…“. Die Gelegenheit schien günstig; Carolina genehmigte sich noch ein paar schöne Tage und ihrer Mutter etwas mehr Zeit, die Rolle als aktive Großmutter zu genießen. Wieder zu Hause, erledigte sich Carolinas Problem von selbst – ihre Mutter wollte Jacques nämlich gern betreuen. Die Freude, die sie an dem Kleinen hätte, könnte ihr doch keine Reise vermitteln, und die könne sie ja später immer noch machen – so sagte die Oma.

Vielleicht überrumpeln Sie einmal die anvisierten Pflegeeltern, drücken ihnen das Kind in den Arm und verschwinden für ein paar Tage

– natürlich mit einer glaubhaften Erklärung. Das funktioniert nicht immer, aber immer öfter...

Eins, zwei, drei... Kinder?

Angenommen, Sie lieben Kinder, haben vielleicht schon eines, und das zweite ist geplant. Auch das ist zu schaffen – nur frau muss wissen, dass hierfür ein Vielfaches an Organisationstalent gefragt ist.

„Nun geht das Ganze wieder von vorn los", stöhnte Saskia, als sie erneut schwanger war. Endlich hatte sie die Betreuung von Sorina wirklich gut geregelt, und alles lief so reibungslos, wie es eben bei einer berufstätigen Mutter laufen kann. Es gab Schwierigkeiten, weil Sorina sich bei der ersten Tagesmutter nicht wohl fühlte. Der zweite Versuch verlief positiv; dann musste die Tagesmutter aus persönlichen Gründen relativ kurzfristig in einen Vorort umziehen. Das war zeitlich für Saskia nicht mehr zu schaffen. Und nun war die Kleine bei der dritten Tagesmutter in unmittelbarer Nähe der Wohnung untergebracht. Mit den anderen Kindern verstand sie sich sehr gut, und Saskia konnte aufatmen und sich endlich wieder ruhiger ihrer Arbeit widmen. Wie sollte sie zwei Kleinkinder organisieren, und was sollte sie in der Firma sagen? Jetzt war sie gerade wieder ein Jahr im Job, war wieder auf dem Laufenden und voll einsatzfähig, und nun würde sie schon wieder ausfallen. Ihr Brötchengeber würde nicht gerade begeistert sein... Den Job ganz aufzugeben ist gar kein Diskussionsthema, denn Saskia will nie und nimmer ganz zu Hause bleiben. Lieber eine schlecht bezahlte Arbeit oder eine Tätigkeit, die sie nicht ganz ausfüllt, als zum Heimchen am Herd zu werden.

Der Vorteil beim zweiten oder dritten Kind ist die Erfahrung, die Sie schon gesammelt haben, und das Wissen, das Sie erworben haben. Möglicherweise können Sie das zweite Kind zur selben Tagesmutter geben wie das erste. Ist der erste Sprössling in der Familie untergebracht und wäre dies für das zweite Kind nicht möglich, dann ist zu prüfen, ob nicht der Größere zu einer Tagesmutter oder in den Kindergarten geht und der Winzling von Oma betreut wird. Beim ersten Kind sind Sie schon bald wieder in den Job eingestiegen. Vielleicht möchten Sie jetzt doch etwas mehr Zeit haben für Ihre Kinder und haben das Gefühl, dass Ihnen vielleicht etwas entgangen ist beim ersten Kind. Jetzt haben Sie die Gelegenheit, eine neue Entscheidung zu treffen; Sie können noch einmal wählen: Vielleicht wollen Sie es genauso machen, vielleicht aber auch ganz anders.

Claudine konnte nach Patricias Geburt nicht schnell genug wieder in das große Architekturbüro zurückkehren. Ihre Arbeit war bis zur Geburt der Tochter ihr Ein und Alles, was dazu beitrug, dass ihr Mann, der eigentlich nicht so sehr vom Ehrgeiz besessen war, nach und nach auch zu einem richtigen Karrieretypen wurde. Auf dieser gleichwertigen Basis funktionierte die Beziehung hervorragend. Patricia wurde von den Großeltern und einem Kindermädchen betreut. Aber während der zweiten Schwangerschaft ging eine seltsame Veränderung in Claudine vor. Der Gedanke, auch jetzt wieder nach wenigen Monaten außer Haus zu arbeiten, konnte sie nicht mehr richtig begeistern. Immer häufiger schien ihr eine längere Pause das Richtige zu sein. Sie würde mehr Zeit für die Kinder haben, könnte ihre Entwicklung hautnah erfahren und hätte mehr Ruhe für sich selbst und für die Familie. Eine Zukunft ohne ihre geliebten Entwürfe konnte sie sich zwar nicht vorstellen, aber es musste ja nicht wieder sofort sein. Claudine wollte nach der Geburt mindestens ein Jahr, vielleicht sogar zwei Jahre mit der Arbeit aussetzen. Die finanzielle Situation war kein Thema; Geldprobleme gab es nicht. So konnte eine Haushaltshilfe engagiert werden. Claudine begann dann doch früher zu arbeiten, allerdings zu Hause und zuerst nur stundenweise. Die Haushaltshilfe kümmerte sich dann – sofern es erforderlich war – um die Kinder. Bald erwies sich das als Übergangslösung gedachte Arrangement als die Superlösung überhaupt. Claudine übernahm zunehmend mehr Arbeit zu Hause. Ein Kindermädchen trug zur Entlastung bei, sodass Claudine wieder intensiver ihren Job ausüben konnte. Trotzdem hatte sie viel mehr Zeit für die Kinder und für ihren Partner und wesentlich weniger Stress als beim ersten Kind, als sie ihre Arbeitszeit nach den üblichen Bürozeiten richten musste. Jetzt saß sie zwar manchmal noch nach Mitternacht über ihren Plänen. Aber sie konnte sich die Zeit besser einteilen – rund um die Uhr. Niemand verlangte von ihr, dass sie jeden Morgen um 9.30 Uhr an ihrem Schreibtisch zu sitzen hatte. Heute – fünf Jahre nach Robertos Geburt – hat sie ihr eigenes Architekturbüro, im ausgebauten Dachgeschoss ihres Hauses. Patricia geht in die Schule und wird dann von dem Mädchen abgeholt; Roberto holt sie mittags selbst aus dem Kindergarten. Diese tägliche Bewegung – ein Spaziergang von 30 Minuten – hat sie sich selbst verordnet. Robertos Entwicklung hat Claudine viel bewusster miterlebt, als das bei Patricia der Fall war. Sie bedauert dennoch ihre einstige Entscheidung nicht, denn damals „zog" es sie einfach ins Büro. Natürlich verfügt nicht jeder über den finanziellen Hintergrund, der ein solches Arrangement überhaupt erst möglich macht. Zu arbeiten, wenn man Kinder hat, verlangt ganz einfach ein gerüttelt Maß an Flexibilität, und die beginnt im Kopf. Zwei Kinder zu haben – das bedeutet nicht einfach doppelte Arbeit. Zwei Kinder zu haben heißt im Klartext: Ein Kind bei Müller unterbringen, aber das zweite will dort noch lange nicht hin, und Platz ist bei Müller auch nicht für drei. Zwei Kinder zu haben bedeutet meist: Erst wird das eine krank, dann das andere. Ein Kind fängt um acht Uhr mit der Schule an, das zweite um zehn Uhr; dafür kommt eines um 13 Uhr nach Hause und hat den Nachmittag frei, das andere kommt um elf Uhr heim und muss um 15 Uhr wieder in der Schule sein… Und nicht zu vergessen der Kostenfaktor: Zwei Kinder, das bedeutet zweimal Honorar für eine Tagesmutter, Kosten für Kindergarten oder auch zweimal Auslagen für Ferienlager!

Checkliste Zweitkind

- Stehe ich auch heute noch zu meinem damaligen Entschluss, trotz Kind wieder in die Arbeit einzusteigen?
- War der Zeitpunkt richtig?
- Würde ich es heute noch einmal genauso machen?
- Wenn nicht, was würde ich anders machen und warum?
- Kann ich diese Erkenntnisse beim zweiten Kind umsetzen, und wenn ja, wie?
- Hat sich meine Entscheidung beim ersten Kind als richtig erwiesen?

- Kann ich beim zweiten Kind genauso vorgehen?
- Habe ich „Notplätze“ für zwei Kinder?
- Welche beruflichen Nachteile kann mir ein weiteres Kind bringen (Benachteiligung im Job, Abschieben auf einen schlechten Posten etc.)?
- Bin ich gewappnet gegen die Angriffe zum Thema Rabenmutter?
- Schaffe ich es kräfte- und zeitmäßig, zwei Kinder und den Job zu meistern?
- Wie sieht es finanziell aus?
- Wie steht mein Partner dazu, und wie hilft er mir?

Zwei Kinder, ein Job, ein Partner (oder auch nicht) – da ist Chaosmanagement angesagt. Sie müssen noch straffer organisieren, noch besser planen und flexibler reagieren.

3. Kapitel

Das berufliche Comeback

„Meine Frau hat es nicht nötig, zu arbeiten" – mit diesem Satz kann heute kaum noch ein Mann einer Frau imponieren. Hoch im Kurs stehen dagegen emanzipierte Männer, die sich nicht zu schade sind, auch mal die Windeln zu wechseln, zum Kindergarten zu rasen und zumindest zeitweise in ihrem Beruf zugunsten der Partnerin zurückstecken können. Eine faire partnerschaftliche Beziehung erfordert ein gerüttelt Maß an Kompromissbereitschaft, echtem Engagement sowie Kommunikations- und Organisationsfähigkeit, damit Familie und Beruf sich vereinen lassen. Das soll heißen, dass für berufstätige Mütter, die nicht allein leben, die Unterstützung des Partners unerlässlich ist. Auch wenn es notwendig ist, eine Lebensplanung zu machen, Prioritäten festzusetzen und Absprachen zu treffen – vieles kommt dann doch ganz anders, als man es sich vorgestellt hat. Ein Kind – vor allem, wenn es das erste ist – ist eine vollkommen neue Lebenserfahrung, die mit nichts anderem vergleichbar ist. Und ein Kind lässt sich auch nicht so einfach in ein festes System einplanen; seine Entwicklung ist nicht zu kalkulieren wie beispielsweise der Neubau einer Bank; seine Reaktionen sind nicht vorhersehbar – ebenso wenig wie die der Eltern. Alles muss sich erst einmal einspielen, nicht nur der ganz normale tägliche Wahnsinn. Die Gefühle müssen zur Ruhe kommen, das Zusammenleben muss sich unter den veränderten Gegebenheiten neu einspielen, und eine gewisse Normalität muss im Tagesablauf eintreten – sowohl auf der organisatorischen als auch auf der emotionalen Ebene.

Und dann kann es passieren, dass Ihnen nun vielleicht doch nicht so sehr an einer schnellen Rückkehr ins Büro gelegen ist. Vielleicht sind Sie so sehr fasziniert von Ihrem Baby, dass Sie doch mehr Zeit mit ihm verbringen und seine Entwicklung hautnah miterleben wollen. Umgekehrt kann es aber auch geschehen, dass es Sie doch mehr zu Windows als zu Windeln zieht. Da ist es gut, wenn man bei einer Firma beschäftigt ist, die flexibel reagieren kann. Verständlicherweise kann das nicht überall der Fall sein. Ein kleiner Betrieb, der für die von Ihnen angekündigte Auszeit eine Aushilfe eingestellt hat, steht hier vor einem Problem. Trotzdem lohnt es sich, einmal mit dem Personalchef, dem Chef selber – oder wer auch immer dafür zuständig ist – zu sprechen und zu fragen, ob Sie sich möglicherweise erst zu einem späteren Zeitpunkt (also nach der Geburt) endgültig entscheiden dürfen/können. Spätestens vier Wochen vor Beginn des Erziehungsurlaubs müssen Sie sich jedoch festlegen! Seien Sie nicht enttäuscht, wenn Ihre Wünsche nicht realisierbar sind. Es wird vermutlich plausible Gründe dafür geben.

Dass Frauen nicht mehr am Herd zu halten sind, lässt sich nicht leugnen. Waren 1960 in Westdeutschland erst 47 % der Frauen berufstätig, so waren es 38 Jahre später bereits 56 %. In Ostdeutschland lag der Anteil 1989 sogar bei 81 %! Aber nicht nur die Quote, auch die Qualifikation steigt. Bei der Commerzbank, die seit 1991 über 50 % weibliche Mitarbeiter hat, waren 1980 nur 2,5 % der Führungskräfte weiblich. Dieser Anteil hat sich inzwischen auf 15 % erhöht. Frauen sind also stark im Kommen, auch in den Chefetagen. Dennoch zeichnen sie sich leider immer noch dadurch aus, dass ihnen bei der Wahl ihrer Studienfächer Selbstverwirklichung und Spaß wichtiger sind als berufliche Perspektiven. Je nach Position erfolgt der Wiedereinstieg in den Job früher oder später. Karrierefrauen und Alleinerziehende fangen in der Regel früher wieder an zu arbeiten als Mütter, die nicht Allein- oder Hauptverdiener sind. Mehr als drei Viertel der Karrierefrauen sind in den ersten drei Jahren schon wieder im Job.

Übrigens fühlen sich in den USA Powerfrauen mit Dreifachbelastung – Beruf, Kinder und Haushalt – in jeder Beziehung wohler als Frauen, die nur für Haushalt und Familie leben. Das ergab eine Untersuchung, die sich immerhin über zehn Jahre erstreckte. Die berufstätigen Mütter empfanden gerade die finanzielle Unabhängigkeit wie auch den besseren sozialen Status durch die Arbeit als sehr positiv, und das stärkte ihr Selbstbewusstsein. Natürlich bezeichneten sie ihr Leben als anstrengend, aber auch als befriedigend.

Bevor wir uns im Folgenden mit den verschiedenen Möglichkeiten des beruflichen Wiedereinstiegs befassen, dürfen wir die Bedeutung einer wichtigen Phase nicht vergessen, nämlich die der Babypause.

I. Die Babypause ist keine Ruhepause

Ein früher Wiedereinstieg ist in Top-Positionen unerlässlich. Keine Führungskraft kann es sich leisten, längere Zeit zu pausieren. Die Konkurrenz schläft nicht, und auch die Technologie bleibt nicht stehen. Ehe frau sich versieht, ist sie „out“, hat den Anschluss verpasst. Da versteht es sich eigentlich von selbst, dass bei karriereorientierten Frauen die Babypause kurz ausfällt.

Und bei denen, die einen längeren Erziehungsurlaub nehmen, ist nicht etwa Urlaubsruhe angesagt, sondern „Action“ in puncto Weiterbildung, Fortbildung und Kontaktpflege mit Kollegen und Chefs. Unsere Zeit ist schnelllebig. Klinken Sie sich für ein, zwei Jahre völlig aus, dann haben Sie oft das Nachsehen, wenn Sie ins Arbeitsleben zurückkehren. Nicht nur die Arbeitsteams, die Mannschaft, sondern auch die Arbeitsabläufe, die Techniken und die Anforderungen haben sich verändert. Manche Arbeitsplätze gibt es dann schon gar nicht mehr. Wer da nicht mithalten kann, wer nicht up to date ist, der landet schnell auf dem Abstellgleis. Sicherlich haben Sie einen Anspruch auf einen gleichwertigen Arbeitsplatz nach dem Erziehungsurlaub. Aber Sie müssen natürlich auch auf dem aktuellen Stand sein, sonst können Sie nicht mithalten. Nur etwa ein Viertel der Frauen erhält laut einer Studie des Instituts für Arbeitsmarkt- und Berufsforschung nach dem Erziehungsurlaub die alte Stelle wieder; knapp die Hälfte der Frauen bekam eine gleichwertige Stelle, während sich ein Viertel der Frauen mit einer schlechteren Stelle zufrieden geben musste.

Was tun, um auf dem Laufenden zu bleiben?

1. Kontakte pflegen

Aus den Augen, aus dem Sinn – das gilt auch im Geschäftsleben. Pflegen Sie den Kontakt zu Ihrer Firma, sprechen Sie öfter mal mit Ihrer Vertreterin, schauen Sie mal im Büro vorbei – auf einen kleinen Plausch. Da können Sie den Sprössling ruhig mitnehmen. Was gibt es Neues in der Firma? Wird ein neues Programm eingeführt, gibt es neue Formulare? Welche Fort- und Weiterbildungskurse besuchen die Kollegen und Kolleginnen? Gibt es neue Kunden, neue Arbeitsplatzbeschreibungen? Gehen Sie mit offenen Augen und Ohren durch den Betrieb. Sprechen Sie mit dem Personalchef – oder wer immer in Ihrer Firma dafür zuständig ist – und bitten Sie ihn, dass Sie zu Firmenveranstaltungen, Betriebsversammlungen, Firmenausflügen, Stammtischen, vielleicht sogar zu Seminaren etc. eingeladen werden. Lassen Sie sich den Geschäftsbericht und die neuesten Drucksachen schicken. Zeigen Sie Ihr Interesse deutlich; seien Sie nicht zögerlich oder schüchtern. Niemand kann Ihre Gedanken lesen und weiß um Ihre Absichten, wenn Sie sie nicht für andere verständlich äußern. Geben Sie das Baby lieber mal einen Tag zur Oma, zur Nachbarin oder Freundin, und gehen Sie zum Weihnachtsessen des Betriebs. Seien Sie präsent, zeigen Sie Interesse, und halten Sie Schritt mit den Veränderungen in Ihrer Firma.
Pluspunkte:

- Optische Präsenz signalisiert Interesse an der Firma
- Integriert sein und um Veränderungen wissen
- Mitreden können, dazu gehören

2. Dranbleiben durch Teilzeit?

Vielleicht ist es in Ihrem Job möglich, Teilzeit – also bis maximal 19 Stunden in der Woche – zu arbeiten. Das hat eine Reihe von Vorteilen: Sie bleiben dran, sind auf dem neuesten Stand der Entwicklung und entlasten Ihre Firma. Außerdem tun Sie etwas Gutes für Ihre Rente. Es kommt ganz auf den Job an – im Sekretariat, in der Buchhaltung, im Einzelhandel etc. bestehen diese Möglichkeiten. Auch Urlaubs- oder

Krankheitsvertretungen kämen in Frage; sie sind eine hervorragende Möglichkeit, im Job zu bleiben und Pluspunkte zu sammeln. Prüfen Sie alle Möglichkeiten (siehe auch Seite 93: Teilzeit). Leider machen nur wenige Frauen von dieser Möglichkeit Gebrauch.

Wenn Sie Teilzeit arbeiten möchten bzw. können, dann ist der erste Ansprechpartner Ihre Firma.

Erst wenn Sie von dort eine Absage erhalten haben, dürfen Sie sich woanders bewerben. Auch in diesem Fall muss Ihr alter Arbeitgeber informiert werden und seine Zustimmung geben. Er hat ein Einspruchsrecht in begründeten Fällen. Sicherheitshalber sollten Sie alle Vereinbarungen schriftlich fixieren.

Wichtig:
Wollen Sie während des Erziehungsurlaubs Teilzeit arbeiten (maximal 19 Wochenstunden), dann sollten Sie einen Vertrag mit dem Arbeitgeber abschließen, bevor Sie Ihren Erziehungsurlaub anmelden (also innerhalb der ersten vier Wochen nach der Geburt).
Pluspunkte:

- Sie bleiben im Arbeitsprozess
- Sie haben Anspruch auf Sonderleistungen des Betriebs (Weihnachtsgeld, Urlaubstage)
- Sie haben Anspruch auf besonderen Kündigungsschutz (Bundeserziehungsgeldgesetz)
- Ihre Rente erhöht sich

3. Weiterbildung

Sie ist nicht nur in der Babypause wichtig. Wollten Sie nicht schon immer mal Ihre Italienischkenntnisse verbessern, Power Point lernen oder sich mit der Erstellung einer Website befassen? Jetzt ist der richtige Zeitpunkt, um solche Wünsche zu verwirklichen. Volkshochschulen, Frauencomputerschulen, Fernkurse und Kurse auf CD-ROM, via Internet etc. gibt es wie Sand am Meer. Wie wär's zur Abwechslung mal mit Verhaltenstraining? Das ist nicht nur im Job für den Umgang mit Kunden, Kollegen und Chefs hilfreich, sondern auch bei Ihren Kindern.

Anschriften erhalten Sie vom Deutschen Frauenrat. Informieren Sie sich, wählen Sie das aus, was Ihnen auch beruflich weiterhilft (siehe auch Seite 153 f.: Weiterbildungsmöglichkeiten). Pluspunkte:

- Sie bleiben wissensmäßig up to date
- Sie können sich einen Karrierevorteil verschaffen
- Ihr Betrieb sieht, dass Ihnen Ihre Arbeit wichtig ist
- Ihr Engagement zahlt sich aus

Egal, ob Sie sich nur für einige Wochen oder für viele Monate von Ihrem Job verabschieden: Kontakt halten, auf dem neuesten Wissensstand bleiben und sich weiterbilden, das ist ein absolutes Muss, wenn Sie konkurrenzfähig bleiben möchten.

Familienfreundliche Arbeitszeitmodelle

Glücklicherweise hat sich in den letzten Jahren einiges auf dem Gebiet der Personalpolitik getan. Die Industrie hat eingesehen, dass für die Vereinbarkeit von Familie und Beruf etwas getan werden muss: Je zufriedener ein Mitarbeiter ist, desto bessere Leistungen bringt er. Mütter – und Väter –, die zwischen Tagesmutter, Schule, Büro und Meetings hin und her hetzen, deren Tagesablauf aus einer Reihe von mehr oder minder großen Katastrophen besteht, können weder konzentriert arbeiten noch ein einigermaßen erfülltes Familienleben führen. Die Folgen bleiben auch für die Firma nicht aus. So findet schon seit einiger Zeit ein Sinneswandel statt. Starre Arbeitszeiten und eine ständige Anwesenheit in der Firma werden nicht mehr überall als Basis für erfolgreiches Arbeiten angesehen. Immer mehr Firmen entwickeln Konzepte, um die Bedürfnisse der Mitarbeiter mit den Ansprüchen des Betriebs optimal zu vereinen – zum Wohle aller Beteiligten. Nicht mehr nur der berufliche Erfolg ist für den modernen Menschen das allein Seligmachende: Eine gute Partnerschaft, ein harmonisches Familienleben sowie Zeit und Muße für private Interessen haben heute einen sehr hohen Stellenwert. Das zeigen die Ergebnisse einer Umfrage der gemeinnützigen Hertie-Stiftung von 1996: Über 70% der Befragten hielten eine gute Partnerschaft für sehr wichtig, 60% möchten Kinder haben und 45 % möchten Familienleben und Beruf miteinander vereinbaren können. Viele Firmen haben diesen Trend erkannt und streben eine familienbewusste Personalpolitik an. Die Hertie-Stiftung gibt mit ihrem Projekt „Vereinbarkeit von Beruf & Familie“ Anregungen und Vorschläge, familienbewusste Personalpolitik in die Unternehmenspolitik zu integrieren. Der Praxisleitfaden „Mit Familie zum Unternehmenserfolg“ zeigt eine Reihe von Alternativen auf, durch eine flexiblere Gestaltung der Arbeitsorganisation Vorteile für Unternehmen und Mitarbeiter zu erlangen. Diesem Projekt hat sich eine Reihe großer Firmen, aber auch kleine Betriebe angeschlossen.

Chancengleichheit steht im Mittelpunkt des Projekts „Consens“, das die Commerzbank ins Leben gerufen hat. Im Rahmen dieses Projekts wurde „Comback Plus“ entwickelt, ein Wiedereinstiegsprogramm nach einer Babypause. Dazu gehören besondere betriebliche Leistungen, die auch während des Familienurlaubs gewährt werden, Planungsgespräche, Möglichkeiten der Teilzeitarbeit, so genannte Praxiseinsätze mit flexibler Arbeitszeitwahl, Hilfe (auch finanzieller Art) bei einer zusätzlich erforderlichen Kinderbetreuung sowie die Teilnahme an bankinternen Seminaren schon vor dem eigentlichen Arbeitsbeginn. Mit einer alle zwei Monate erscheinenden Info-Schrift werden die familienpausierenden Angestellten auf dem neuesten Wissensstand gehalten.

Aber auch andere Firmen haben die Zeichen der Zeit erkannt und gehen mehr und mehr weg von den starren Arbeitszeitregelungen. Mobilzeit, Teilzeit, Gleichzeit oder Zeitkorridore sind die Lösung für Arbeitgeber und -nehmer. Sprechen Sie mit Ihrer Firma, ob es für Sie nicht auch derartige Lösungen geben kann. Wie aktuell diese Thematik ist, können Sie an einem neuen Berufsbild sehen – der Arbeitszeitberatung.

Hilfen zum Wiedereinstieg

„Fit für den Einstieg in den Beruf – Bewerbungsstrategien für Frauen“ so nennt sich eine Veranstaltung des Arbeitsamts in München, die in Zusammenarbeit mit dem Bildungsinstitut für Beruf und Kommunikation für Berufsrückkehrerinnen veranstaltet wird. Solche und ähnliche Schulungen und Trainingsseminare gibt es überall.

Das Bundesministerium für Familie, Senioren, Frauen und Jugend gibt in der Broschüre „Zurück in den Beruf“ Tipps und Anschriften. Außerdem erfahren Sie, welche Maßnahmen vom Arbeitsamt gefördert werden. Anschriften von Beratungsstellen für Wiedereinsteigerinnen bekommen Sie bei den Arbeitsämtern bzw. bei der Bundesanstalt für Arbeit.

II. Was kommt für Sie infrage?

Rückkehr in die alte Firma

Sie machen nach dem Mutterschutz oder etwas später im alten Job weiter. Dabei dürfte es keine gravierenden Schwierigkeiten geben.

Nehmen Sie einen längeren Erziehungsurlaub in Anspruch, kann Ihnen ein anderer Arbeitsplatz zugewiesen werden, der allerdings gleichwertig sein muss. Der ständige Kontakt mit Ihrer Firma erspart Ihnen eventuell unangenehme Überraschungen.

Mit welchen Problemen müssen Sie rechnen?

Wie in freier Wildbahn ist eine Mutter mit Kind natürlich leichter anzugreifen als eine starke Single-Frau, die den Rücken frei hat. Kollegen oder Kolleginnen könnten ein Auge auf Ihren Posten geworfen haben und eventuelle „Schwächen“ ausnutzen, um sich zu profilieren. Nicht jeder gut gemeinte Rat („Sie können ruhig früher gehen, ich mach' das schon für Sie“) entspringt selbstloser Hilfsbereitschaft.

Auch Ihr Chef könnte darauf warten, dass Sie mehr Fehler machen...

Wichtig:
Halten Sie sich an eine alte chinesische Weisheit: Was du tust, tue mit ganzem Herzen. Wenn Sie arbeiten, dann arbeiten Sie; wenn Sie mit Ihrem Baby zusammen sind, dann lassen Sie alle anderen Gedanken los. Das fällt uns hektischen Europäern schwer, denn meist flitzen uns tausend Gedanken durch den Kopf. Sitzt unser Körper im Konzert, plant unser Geist den nächsten Tag, den Urlaub oder die Einladung zum Essen. Der Genuss des Konzerts wird geschmälert, denn wir sind ja gar

nicht ganz da, und auch die Planung war nicht perfekt, denn wir haben uns nicht ganz darauf konzentriert. Wenn Sie das Kind wickeln und gleichzeitig in Gedanken das wichtige Verkaufsgespräch formulieren, das für den nächsten Tag ansteht, so haben Sie von keiner Beschäftigung wirklich etwas. Sie bemerken weder, dass das Baby heute besonders empfindlich ist, noch, dass Ihnen ein wichtiges Argument für das Gespräch zwischen Puderdose und Cremetopf entgangen ist. Das Resultat: Mittelmaß. So kommen Sie in Teufels Küche, werden fehleranfällig, gereizt und unzufrieden; Sie manövrieren sich selbst in eine Sackgasse! Also: Tun Sie etwas ganz, oder lassen Sie es ganz!

Nicht entweder – oder, sondern Teilzeit

Unter Teilzeit versteht man jegliche Arbeitszeit, die unter der Vollzeit liegt (letztere umfasst 39 in den westlichen bzw. 40 Stunden pro Woche in den östlichen Bundesländern). Ob Sie nun halbtags arbeiten, nur drei Tage pro Woche, oder ob Sie Ihre tägliche Arbeitszeit nur um eine Stunde verkürzen oder an zwei Tagen voll und an drei Tagen halbtags arbeiten: Alles fällt unter den Begriff Teilzeit.

Die meisten Teilzeitbeschäftigten sind im Dienstleistungssektor und im Handel sowie im Gastgewerbe tätig und sind – wen wundert es? – Frauen. Ein bzw. zwei Teilzeitjobs könnte auch die Lösung in einer Partnerschaft sein, in der beide Partner nicht auf eine Karriere verzichten wollen. Wer sagt denn, dass überwiegend Frauen in die Teilzeit ausweichen müssen (was leider im Augenblick noch der Fall ist)? Warum kann bei gleichwertigen Jobs nicht auch mal Ihr Mann für einen bestimmten Zeitraum part time arbeiten? Seine Karrierechancen werden dadurch nicht mehr und nicht weniger berührt als Ihre.

Teilzeit ist attraktiv für berufstätige Mütter. Nicht mehr „entweder Kind oder Job“ ist die Frage, sondern: Wie viel Zeit brauche ich für welchen Bereich? Dementsprechend sollten Sie gemeinsam mit Ihrem Arbeitgeber eine für beide Seiten zufriedenstellende Lösung erarbeiten. Dabei stehen Fragen wie: Wann ist Peakzeit im Büro, wann in der Kinderbetreuung (Ferien!)? Welche Zeit ist für das Kind am besten/wertvollsten? im Mittelpunkt Ihrer Überlegungen. Wollen Sie langsam wieder einsteigen, über die Teilzeit, beispielsweise für sechs Monate, und erst dann wieder voll arbeiten, ist der Übergang sanfter und für alle Beteiligten leichter zu bewältigen.

Finanzielle Aspekte der Teilzeitbeschäftigung

Natürlich wirkt sich Teilzeit auf die Finanzen aus, besonders wenn der Besserverdienende seine Arbeitszeit reduziert. Aber es kommt auf die Details an. In der Regel wird die Teilzeit prozentual vom Vollzeitgehalt aus gerechnet. Also 50 % weniger Arbeitszeit gleich 50 % weniger Bruttogehalt. 50 % weniger Bruttogehalt bedeuten jedoch nicht unbedingt auch 50 % Nettogehalt.

Wichtig:

Steuerklasse beachten und den Steuerberater fragen!

Wenn Sie nicht nach Stunden, sondern nach „Resultat" bezahlt werden, könnte sich dies zu Ihrem Vorteil auswirken. Bestimmte betriebliche Leistungen wie verbilligter Einkauf etc. sind meist arbeitszeitunabhängig, andere Sozialleistungen werden anteilmäßig berechnet. Nachteilig wirkt sich Teilzeit im Vergleich zur Vollzeit in der Rentenversicherung aus – eben durch die geringeren Beiträge.

Arbeitsrechtlich sind Teilzeitkräfte den Fulltime-Kräften gleichgestellt, es sei denn, die Wochenarbeitszeit liegt unter 15 Stunden und der monatliche Verdienst beträgt nicht mehr als 630,– DM.

Jobsharing

Muss Ihr Arbeitsplatz auf jeden Fall voll besetzt sein, wäre in manchen Branchen und Bereichen das Jobsharing eine elegante Lösung. Ein Job, zwei (oder auch mehrere) Mitarbeiterinnen – das lässt sich machen, wenn eine Aufgabe nicht personenbezogen abgewickelt werden muss. Ob am Bankschalter morgens Angela steht und am Nachmittag Roswitha, ob Jenny drei Tage die Buchhaltung erledigt und Elli die restlichen zwei, das ist nicht entscheidend. Entscheidend ist vielmehr, dass die Kommunikation funktioniert und die zeitlichen Regelungen eingehalten werden. Viele Firmen überlassen es den Jobsharing-Partnern, die Vertretungsfrage bei Krankheit, in Notfällen etc. sozusagen „intern" zu regeln. Das setzt jedoch voraus, dass sich ein Partner auf den anderen verlassen kann.

Jobsharing heißt nicht, in Konkurrenz mit der Sharing-Partnerin zu treten, sondern zusammen zu arbeiten, im Team die optimale Lösung für die individuelle Situation zu finden. Im Gegensatz zum Jobsplitting, bei dem jeder Partner für seinen eigenen Bereich verantwortlich ist, sind beim Jobsharing nämlich alle beteiligten Partner für das gesamte Resultat verantwortlich.

Informationen enthält die Broschüre „Teilzeit“ vom Bundesministerium für Arbeit und Sozialordnung.

Telearbeit

Zu Hause sein – und zugleich am Arbeitsplatz. Im Zeitalter des Hightech ist das keine Utopie mehr, sondern erfreut sich zunehmender Beliebtheit bei Arbeitgebern und Arbeitnehmern. Die Prognosen für die Telearbeit sind ausgesprochen positiv: Nach Schätzung des Zentralverbands der Elektrotechnik und Elektronikindustrie könnte mittelfristig jeder zehnte Arbeitsplatz nach Hause verlegt werden. Man spricht von einem Potenzial von knapp drei Millionen Telearbeitsplätzen in Deutschland. Nicht in jedem Bereich ist das heute schon möglich, aber die Tendenz ist steigend – und das lässt hoffen.

Telearbeit bedeutet: Sie können überwiegend zu Hause arbeiten, stehen trotzdem über PC in ständigem Kontakt mit Kollegen und Kunden und können sich die Zeit – je nach Job – einigermaßen einteilen. Zudem sparen Sie viel Zeit, da Sie keinen Anfahrtsweg zur Firma haben.

Die meisten Firmen, die qualifizierten Mitarbeitern Telearbeit ermöglichen, haben gute Erfahrungen damit gemacht. Besonders geeignet ist die Arbeitsform für konzeptionelle und kreative Aufgaben sowie für die Bereiche Datenverarbeitung, Organisation und Vertrieb – mit positiver Perspektive für die Zukunft. Wäre das nicht eine Lösung für Sie? Viel Zeit zu Hause und dennoch voll im Job bleiben? Wie sieht es in Ihrer Firma mit einer solchen Lösung aus bzw. welche Firma kann Ihnen dies bieten?

Wie funktioniert das?

Jede Firma hat ihre individuellen Vorschriften und Regeln für die Telearbeit; oft wird eine Mindestzugehörigkeitszeit in der Firma vorausgesetzt.

Die räumlichen Gegebenheiten müssen beim Arbeitnehmer vorhanden sein, also ein Arbeitsraum oder zumindest ein geeigneter Arbeitsplatz. Der Arbeitgeber stattet das Homeoffice mit den technischen Geräten aus. Es werden der Arbeitsumfang und die Arbeitszeit festgelegt, ebenso die Zeiten, die im Büro gearbeitet werden müssen.

Somit bleibt Raum für eine flexible Arbeitszeitgestaltung, was besonders für berufstätige Mütter und Alleinerziehende ein großes Plus bedeutet.

Arbeiten Sie nicht Vollzeit für eine Firma, müssen Sie vorher abklären (schriftlich!), ob Sie auch für andere Firmen arbeiten dürfen (Konkurrenzklausel etc.).

Vorteile der Telearbeit:

- Bessere Vereinbarkeit von Familie und Beruf
- Der tägliche Weg zum Büro entfällt (Zeitersparnis)
- Mehr Flexibilität
- Konzentriertes Arbeiten
- Individuelle Zeitplanung
- Mehr Freiheit ergibt mehr Kreativität und Produktivität
- Förderung von Eigeninitiative und Verantwortung ergibt hohe Motivation
- Im Notfall sofort für das Kind da sein können

Nachteile:

- Soziale Isolation
- Tele-Leistung wird manchmal – da nicht „sichtbar“ – weniger anerkannt
- Oft keine richtige Trennung zwischen Privat- und Berufsleben

Ob und inwieweit Sie in der Telearbeit Vor- bzw. Nachteile sehen, hängt von Ihrer persönlichen Situation und Ihrer Einstellung ab. Überdenkenswert sind die oben angeführten Argumente auf jeden Fall. Wäre

Telearbeit die Lösung für Ihr Problem, dann sprechen Sie mit Ihrem Arbeitgeber; klären Sie, ob er Ihnen einen Telearbeitsplatz einrichten würde. Auch eine teilweise Selbstfinanzierung sollten Sie nicht ganz ausschließen. Damit zeigen Sie Interesse an einer Weiterbeschäftigung und beweisen Flexibilität. Außerdem kann ein (zum Teil selbst finanziertes) Homeoffice die Basis für eine spätere Selbstständigkeit sein.

Telearbeit während des Erziehungsurlaubs? Eine Überlegung wert ist die Frage, ob für Sie (und Ihren Arbeitgeber) ein Teilzeit-Telearbeitsplatz in Frage käme. Übrigens: Manche Firmen beschäftigen Teleworker auch stundenweise.

Zeitarbeit

Der Trend geht zum „Leih-Mitarbeiter". Im Jahr 1998 gab es bereits 215 000 Beschäftigte bei Zeitarbeitsunternehmen. Die Vorteile liegen auf der Hand.

Eine Firma will sich nicht langfristig verpflichten oder benötigt nur zu bestimmten Zeiten mehr Personal. Über Zeitarbeitsfirmen ist dies heute problemlos möglich, ob Bilanzbuchhalterin oder Empfangsdame, Mediafachkraft oder Telefonistin. Für Frauen mit Kindern ist das eine weitere Möglichkeit, beruflich wieder einzusteigen. Sie schließen in diesem Fall einen Arbeitsvertrag mit der Leihfirma, der Fragen wie Art und Beginn der Tätigkeit, Zeitaufwand, Urlaub, Leistung bei Krankheit und Nichtbeschäftigung regelt.

Verlangen Sie eine verbindliche Beschreibung Ihrer Tätigkeit, beispielsweise als Sekretärin, dann können Sie nämlich nicht in der Poststelle eingesetzt werden.

Vergleichen Sie die Angebote der Zeitarbeitsfirmen. Nicht allein das Gehalt zählt, auch Extras wie vermögenswirksame Leistungen etc. variieren von Firma zu Firma.

Schließen Sie nur Verträge mit seriösen Firmen ab, die sich an die Richtlinien des Bundesverbands Zeitarbeit Personal-Dienstleitungen e.V. (BZA) halten! Anschriften und ein Merkblatt (kostenlos) erhalten Sie beim BZA, Vorgebirgsstr. 39, 53119 Bonn, Tel. 0228/76 61 20, Fax 0228/65 95 83, Internet: http://www.bza.de.

Vorteile:
- Sie entscheiden über die Zeit, die Sie arbeiten möchten (wird vertraglich festgelegt)
- Sie werden meist in verschiedenen Firmen eingesetzt, bleiben flexibel und lernen immer wieder dazu
- Fachkenntnisse werden (bei manchen Leihfirmen) durch Schulungen vertieft, ansonsten:
- Training on the job macht auch fit
- Sie knüpfen Kontakte
- Sie finden vielleicht bei einer Ihrer Firmen eine feste Stelle

Nachteile:
- Kaum Aufstiegschancen
- Möglicherweise wenig Identifikation mit der Firma

Auf zu neuen Ufern – die Selbstständigkeit

Ein Drittel der Unternehmen wird heute von einer Frau gegründet. Vielleicht könnte das auch für Sie der richtige Schritt sein: Ein neuer Lebensabschnitt, ein Kind – warum nicht auch im Job etwas Neues wagen?

Im Gegensatz zu einer Angestelltentätigkeit mit wenig flexiblen Arbeitszeiten kann eine selbstständige Unternehmerin ihre Zeit selbst einteilen. So sagt man jedenfalls. Geben Sie sich aber ja nicht der Illusion hin, dass Sie allein den Zeitplan bestimmen. Mehr noch als die Angestellte ist eine Unternehmerin abhängig von den Kunden. Ist Ihr Kunde immer nur zu der Zeit ansprechbar, wenn normalerweise das Kind versorgt wird? Wem werden Sie wohl den Vorzug geben, wer muss sich zeitlich umstellen? Wohl kaum der Kunde, von dessen Wohlwollen der Auftrag abhängt. Oder der Verlag braucht bis morgen einen überarbeiteten Text. Dann werden Sie kaum mit Sabinchen ins Marionettentheater gehen, obwohl Sie ihr das längst versprochen hatten. Vielleicht sparen Sie sich die Anfahrt in die Firma, wenn Sie zu Hause arbeiten können, aber die Zeiteinteilung wird meist mehr von anderen Faktoren bestimmt als im Angestelltenjob. Es sei denn, Sie sind in der glücklichen Lage, nicht auf ein Mindesteinkommen angewiesen zu sein.

Der Schritt in die Selbstständigkeit ist in manchen Bereichen relativ leicht zu vollziehen. Denken Sie nur an Berufe wie Texterin, Redakteurin, Architektin, Grafikerin oder Ingenieurin. Für solche Tätigkeiten brauchen Sie keine teuere Ausstattung, sondern Kontakte, Qualifikation und gute Nerven. Anders ist es mit völlig neuen Objekten. Wenn Sie einen Laden, eine Agentur oder ein Schreibbüro eröffnen möchten, benötigen Sie Kapital, Geschäftsräume, eventuell Mitarbeiter etc. Prüfen Sie mit Experten, ob Ihre fachlichen und kaufmännischen Kenntnisse ausreichend sind, ob Sie genügend Puste haben, die schwierige Anfangszeit durchzustehen, ob die Nerven stark genug sind und ob Sie ohne Klagen damit klarkommen, dass Sie in den ersten zwei Jahren finanzielle Abstriche machen müssen. Mit einem Gewinn ist überhaupt erst nach zwei Jahren zu rechnen.

Nun kommen wir zum wichtigsten Punkt unserer Überlegungen:

Checkliste Selbstständigkeit

- Wie schaffe ich es, das Kind oder die Kinder mit einer selbstständigen Tätigkeit zu vereinbaren?
- Kann ich das Kind unter Umständen mit in mein Büro oder mit zum Kunden nehmen?
- Wie wird das ankommen?
- Wie viel Zeit habe ich für das Kind?
- Stört es mich bei der Arbeit (ein schreiendes Baby während eines Telefonats macht sich nicht gut)?
- Brauche ich Hilfe (Tagesmutter, Oma etc.), oder schaffe ich es allein?
- Wie sieht dann mein Tagesplan aus?
- Wer holt das Kind vom Kindergarten ab?
- Wer kann in Notfällen einspringen?
- Was ist, wenn ich zu Terminen oder Seminaren außer Haus muss?
- Kann der Partner die Kinder dann übernehmen?
- Ist eine Putzfrau bzw. Haushaltshilfe finanziell „drin“?

- Welche fachlichen Voraussetzungen habe ich (Ausbildung, Erfahrung, Spezialisierung)?
- Benötige ich Diplome, Abschlüsse?
- Wenn ja, welcher Aufwand ist nötig, um die erforderlichen Voraussetzungen zu schaffen?
- Kann ich das mit Kind durchführen?
- Bin ich eine Unternehmerpersönlichkeit (mutig, selbstbewusst, innovativ etc.)?
- Wie risikofreudig bin ich?
- Fühle ich mich in einem festen Angestelltenverhältnis wohl?
- Kann ich mir vorstellen, ohne ein regelmäßiges, gesichertes Einkommen zu leben?
- Macht mir diese Vorstellung Angst, oder reizt mich dieser Gedanke eher?
- Verfüge ich über finanzielle Rücklagen?
- Brauche bzw. habe ich Startkapital?
- Welche laufenden Kosten entstehen durch die Selbstständigkeit?
- Wann rechne ich mit dem ersten Gewinn?
- Habe ich eine Preiskalkulation gemacht, kenne ich die üblichen Tarife?
- Wie lang darf die Durststrecke sein?
- Habe ich finanzielle Verpflichtungen, müssen langfristig regelmäßige Zahlungen geleistet werden?
- Wer kann mir Geld leihen und zu welchen Konditionen?
- Wie sehen die Möglichkeiten für eine selbstständige Existenz in meinem Beruf aus?
  (Zukunftsperspektiven, Konkurrenzsituation etc.)?
- Habe ich ein hieb- und stichfestes Konzept erarbeitet?
- Wie sieht der Markt aus – habe ich alle Marktanalysen studiert?
- Unterliegt meine Idee/mein Produkt Zeitströmungen (Modeartikel)?
- Bin ich mit meiner Idee am richtigen Ort?

- Ist es der richtige Zeitpunkt für die Gründung eines Unternehmens?
- Habe ich mit Freunden, Bekannten, Kollegen, Fachleuten über meine Pläne gesprochen, und wie war die Resonanz?
- Lasse ich mich leicht entmutigen?
- Bin ich euphorisch?
- Macht mir diese Arbeit auch langfristig Spaß?
- Wer kann mir bei der Realisierung helfen?
- Wie kann ich Kind und neue Existenz koordinieren?
- Habe ich branchenspezifische Erfahrungen – seit wann und in welchem Rahmen?
- Habe ich schon Menschen geführt?
- Kann ich gut verkaufen, akquirieren?
- Kann ich mich durchsetzen?
- Habe ich genug Biss, meine Ideen durchzubringen, oder gebe ich schnell auf?
- Habe ich gute rhetorische Fähigkeiten, kann ich andere überzeugen?

Definieren Sie anhand dieser Fragen, ob Sie, speziell auf Ihre Situation abgestimmt, und ob Sie die nötigen Voraussetzungen mitbringen. Bei der Entscheidung helfen können Ihnen so genannte „Existenzgründer-Tage", wie sie die Industrie- und Handelskammern oder die Arbeitsämter anbieten. Spezielle Existenzgründer-Veranstaltungen werden auch von den Ländern, vom Bund, den Kammern und Verbänden und natürlich auch von privaten Institutionen durchgeführt. Die Gebühren sind erschwinglich, weil solche Schulungen vom Bundesministerium für Wirtschaft gefördert werden. In München gibt es beispielsweise die Forderung nach einem ExistenzgründerInnen-Zentrum. Sie sehen, es tut sich was. Studieren Sie die Zeitungen, erkundigen Sie sich bei Gleichstellungsstellen, beim Arbeitsamt oder bei Frauenverbänden, was in Ihrer Gegend angeboten wird. Sie brauchen Wissen, Wissen und nochmals Wissen. Das wird Ihnen in Planungsseminaren vermittelt, wie es beispielsweise das Rationalisierungskuratorium der Deutschen Wirtschaft e.V. speziell für Frauen veranstaltet. Kurse machen Sie fit für Verhandlungen, für Verkaufsgespräche oder Kundenakquisition. Ob Körpersprache, Gesprächstechniken oder Steuerfragen: Für alles gibt es ein reiches Angebot an Seminaren.

Neu sind Studiengänge an den Hochschulen für Existenzgründer. Darin wird Gründerwissen vermittelt und gelehrt, wie man sich durch Ideen profilieren kann und die Unternehmensgründung zu realisieren ist (Anschriften siehe Seite 153).

Ein eigenes Unternehmen ist vergleichbar mit dem Bau eines Hauses. Wenn das Fundament nicht stimmt, wird nie etwas Richtiges daraus. Investieren Sie deshalb in die Vorbereitung Zeit, Geld und Energie. Und sollten Sie bereits in dieser Phase feststellen, dass es unüberwindliche Hindernisse gibt, dann haben Sie wenigstens nicht so viel unnütz investiert.

Sie sind begeistert von Ihrer Geschäftsidee und sehen sich schon in einem kleinen, aber feinen Lädchen sitzen und die Produkte verschiedener Goldschmiedinnen verkaufen, mit denen Sie an Kursen teilgenommen haben. Ihre Kinder nehmen Sie natürlich mit. Aber haben Sie an die Kosten gedacht, an die Investitionen, und vor allem an die Kinder? Was sollen sie denn den ganzen Tag im Geschäft? Wer holt sie von der Schule bzw. vom Kindergarten ab? Haben Sie „Nothilfen" für Krankheitsfälle? Können die Kinder im Geschäft und in der Umgebung spielen? Wo essen sie? Machen sich quicklebendige Kinder gut für Ihre Kundschaft? Gibt es überhaupt genügend potenzielle Kunden für Ihren Schmuck? Wo gibt es in der Umgebung noch Schmuck zu kaufen – in welcher Art und Preiskategorie?

Prüfen Sie Ihre Idee von allen Seiten: aus Ihrer Perspektive, aus der Perspektive Ihrer potenziellen Kundschaft, der Lieferanten, Ihrer Kinder, Ihrer Familie. Notieren Sie alle Pros und Kontras, und stellen Sie sich vor: Was wäre, wenn ein Kind sich ein Bein brechen würde, wenn Ihre Tante, die ab und zu einspringen wollte, umziehen würde etc.?

Sie arbeiten ja nicht nur, damit Sie beschäftigt sind. Sie wollen Kinder und Job miteinander vereinbaren können. Okay, das gelingt mit Ihrer Idee. Aber Sie wollen ja auch Geld verdienen. Die Grundfrage lautet deshalb: Wer braucht Ihre Leistung bzw. Ihr Produkt, wer wird es kaufen? Mit dieser entscheidenden Frage steht oder fällt Ihr Projekt.

Welche Rechtsform soll Ihr Unternehmen haben? Wollen Sie als Freiberuflerin oder als Lizenznehmerin arbeiten oder einen eigenen Betrieb gründen?

Informationen zu allen Fragen der Selbstständigkeit erhalten Sie auch bei den Industrie- und Handelskammern, den Handwerkskammern und Fachverbänden der Wirtschaft sowie bei Kreditinstitutionen. Für Steuer- und Buchführungsangelegenheiten sollten Sie einen Steuerberater und für alle Verträge einen Rechtsanwalt oder Notar einschalten. Existenzgründungsberatungen gibt es manchmal sogar kostenlos, zumindest aber sind sie erschwinglich dank der Bezuschussung des Bundes.

Nun kommen wir zu den Finanzen. Bevor Sie sich verkalkulieren, ziehen Sie lieber einen Fachmann zu Rate. Wenn Sie zum Durchstarten eine Finanzspritze brauchen: Es gibt Fördermittel von Bund und Ländern wie Existenzgründungsprogramme sowie ein Eigenkapitalhilfeprogramm der Deutschen Ausgleichsbank, Förderkredite der Ökobank etc. Aufgrund des Arbeitsförderungsgesetzes kann unter bestimmten Voraussetzungen Überbrückungsgeld gewährt werden, wenn Sie eine bestimmte Zeit vor der Existenzgründung arbeitslos waren.

Wichtig:
Öffentliche Fördermittel müssen vor dem Start Ihres Projekts beantragt werden!

Die Gründung einer Existenz ist eine aufregende Sache und eine echte Herausforderung, und trotz aller Vorbereitung ist sie für viele ein Sprung ins kalte Wasser. Schaffen Sie es, sich mit einem Kind (oder mehreren) in die Selbstständigkeit zu begeben? Wenn die Voraussetzungen – die äußerlichen wie auch die persönlichen – stimmen, kann ich Ihnen nur Mut machen.

Wenn Sie wirklich Power haben, dann werden Sie mir zustimmen: Es lohnt sich! Schauen Sie sich um, wie viele Frauen es geschafft haben! Ein wesentlicher Faktor für den Erfolg sind die persönlichen und beruflichen Kontakte.

Gerade in der stressigen Anfangsphase machen viele Selbstständige den Fehler, dass sie vor lauter Arbeit vergessen, dieses wertvolle Potenzial zu pflegen, und sie fügen sich dadurch erheblichen Schaden zu.

III. Netzwerke nutzen – Kontakte knüpfen

Von den Männern haben wir es gelernt. Nichts ist wertvoller für die Karriere als gute Beziehungen. Dann werden nicht nur Insider-Informationen ausgetauscht und geheime Tipps weitergegeben, sondern auch Jobs sozusagen „unter der Hand" vergeben. Im Alleingang, ohne Networking oder die Unterstützung von Kollegen, Interessengemeinschaften oder Verbänden wird der Weg nach oben knochenhart. Denn, und das ist erwiesen, nicht das Wissen allein macht den Erfolg aus. Dazu gehören viele Komponenten. Am wichtigsten ist es, die richtigen Menschen zu kennen. Was nützt es Ihnen, wenn Sie die beste Immobilienmaklerin sind, aber niemand davon weiß? Gemeinsam im Team weiß jeder, was der andere gut oder besser kann – und das wird eingesetzt, um das gemeinsame Ziel zu erreichen. Auf dieser Basis funktioniert unser ganzes Leben, und auf dieser Basis arbeiten auch die Verbände und Netzwerke, denn gemeinsam kommen alle schneller voran – und abgesehen davon macht es mehr Spaß. Aber auch wenn es einmal nicht so gut geht und man in einer Tiefphase angelangt ist, ist man nicht allein, sondern bekommt Unterstützung und ist schneller wieder fit. Gut funktionierende Beziehungen sind überall wichtig, ob im Privat- oder Berufsleben, daheim oder im Ausland, mit Kindern oder ohne.

Netzwerke und Kommunikation

Was ist Networking? Networking gab es schon immer, nur hieß es früher auf gut Deutsch „Vitamin B", „Seilschaften" oder „gute Kontakte" haben, die weiterhelfen. Es geht also darum, Beziehungen aufzubauen und zu pflegen – zum beiderseitigen Nutzen. Das geschieht auf privater Ebene ebenso wie über Klubs, Interessenzusammenschlüsse oder Vereine.

Wie sieht es denn aus mit Ihren Beziehungen? Finden Sie leicht Kontakt zu anderen Menschen, gehen Sie auf andere zu, können Sie aus flüchtigen Begegnungen mehr machen? Wie sieht's im Job aus? Geben Sie gern Tipps weiter, helfen Sie mit Ansprechpartnern, Anschriften etc. weiter? Gelten Sie als hilfsbereit? Und wie gehen die Kollegen mit Ihnen um? Bemühen sie sich, Ihnen weiterzuhelfen, oder bekommen Sie meist zu hören: „Och, das weiß ich auch nicht“?

Wissen ist eine der Grundlagen für ein gut funktionierendes Netzwerk. Wer nichts weiß, kann auch nichts weitergeben und ist daher uninteressant. Großes Wissen vergrößert sich durch Networking, denn wie ein Ball werden Informationen hin- und hergespielt. Sicher haben Sie Ihr privates Netzwerk, ohne dass Sie dies bisher als solches erkannt haben: Das Kind Ihrer Nachbarin hat einen heftigen Ausschlag; Sie empfehlen einen homöopathisch praktizierenden Arzt, der Ihnen wie auch vielen Ihrer Bekannten gut geholfen hat. Die Nachbarin bringt Ihnen die ersten Kirschen mit, weil sie weiß, dass Sie darauf ganz scharf sind. Als ein Freund hört, dass Sie einen Gebrauchtwagen suchen, gibt er Ihnen die Telefonnummer eines Händlers, bei dem Sie einen Sonderrabatt erhalten. Tina hat die günstige Einkaufsquelle für Kinderkleidung von Petra erhalten; Sinas Kind ist glücklich in dem musischen Kindergarten, von dem sie über Helge erfuhr. So einfach funktioniert das!

Im Job ist es nicht anders. Nur dass wir Job und Privatleben – ganz anders als die Amerikaner – immer noch getrennt halten. „Was soll denn mein Chef denken, wenn er erfährt, dass mein Sohn Bettnässer ist?“ Mit dieser Einstellung haben Sie sich vielleicht schon einen Weg verbaut, Ihrem Sohn zu helfen! Abgesehen davon: Wer weiß, welche Probleme Ihr Chef mit seinen Kindern hat? Vielleicht könnten auch Sie ihm mit einem guten Rat weiterhelfen. Doch diese Chance werden Sie nie bekommen, wenn Sie nicht auch Kontakt auf einer zumindest halb-privaten Ebene schaffen. Natürlich müssen wir nicht gerade Details aus unserem Intimleben weitertragen. Aber warum nicht die zwischenmenschlichen Beziehungen nutzen? Das Leben wird nicht nur angenehmer, sondern wir sind auch erfolgreicher in unseren Unternehmungen. Entscheidungen fallen leichter, weil wir über mehr und fundiertere Informationen verfügen, weil wir unterschiedliche Meinungen hören und so besser die Vor- und Nachteile abschätzen können und weil unser Horizont sich erweitert.

Die Basis für Networking sind Kommunikation und soziale Kompetenz, also die Fähigkeit, mit anderen Menschen richtig umzugehen. Auf diesem Gebiet haben wir Frauen den Männern eine ganze Menge voraus – und setzen es doch oft nicht ein. Es wird höchste Zeit, dass wir unser Potenzial nutzen. Networking bedeutet ständiges Geben und Nehmen. Wer nur andere nutzen, für seine eigenen Zwecke oder persönlichen Vorteile be-nutzen will, steht ganz schnell allein da. Kontaktpflege ist das Zauberwort.

Es müssen nicht die besten Freunde oder die engsten Kollegen unbedingt die beste Hilfe sein. Wenige Menschen ergeben auch nur wenige Kontakte, wenig Infos, wenig Austausch. Der Kontakt zu einer großen Anzahl von Menschen vergrößert dagegen den Kontaktradius. Der Vorteil – für alle Beteiligten – liegt auf der Hand. Notieren Sie einmal alle Leute, die Sie kennen, und schreiben neben jeden Namen, welchen Interessenbereich die Person abdeckt. Sie werden vermutlich feststellen, dass Sie bestimmte Themen nur mit bestimmten Personen besprechen und sich damit selbst beschränken oder einschränken. Wer aus dem genannten Personenkreis könnte Ihnen beispielsweise in beruflichen Fragen helfen? Wer hat Kinder im Alter Ihrer Kinder? Wer ist ebenfalls begeisterter Ballettfan? Schreiben Sie hinter jeden Namen – in anderer Farbe – die zusätzlichen Themen. Je größer Ihr Netzwerk ist, je dynamischer es sich in verschiedene Richtungen ausdehnt, desto besser können Sie es nutzen und können die richtige Verbindung herstellen.

Checkliste Kontaktfähigkeit

- Wie viele Menschen kennen Sie – sehr gut – gut – flüchtig – privat – beruflich?
- Wie viele Menschen haben Sie in den letzten sechs Monaten kennen gelernt?
- Ist die Initiative von Ihnen oder von dem anderen ausgegangen?
- Warten Sie, bis Sie angesprochen werden, oder tun Sie den ersten Schritt?
- Sagen Sie: „Ich rufe Sie an“ oder eher: „Wir telefonieren einmal“?
- Ist es Ihnen wichtig, dass Sie auch immer exakt das zurückerhalten, was Sie geben? (Zählen Sie beispielsweise, wer wie oft

anruft, oder merken Sie sich, wie lange sich jemand Zeit für eine Anwort lässt?)
- Würden Sie sich als kontaktfreudig bezeichnen?
- Sehen andere das auch so (Partner, Kinder, Freunde, Kollegen)?
- Wenn Sie nicht so kontaktfreudig sind: Was hält Sie zurück? (Zum Beispiel Unsicherheit: Sie wissen nicht, ob der andere Interesse an Ihnen hat; Sie wollen nicht aufdringlich sein, wollen nicht neugierig erscheinen; Sie sind dem anderen finanziell oder positionsmäßig nicht ebenbürtig; Sie wollen sich nicht verpflichten oder verpflichtet werden.)
- Beneiden Sie Menschen, die offenbar überall viele Leute kennen?
- Wie oft haben Sie Ähnliches gesagt wie: „Mich interessiert dieses Thema sehr; ich würde mich gern weiter mit Ihnen darüber unterhalten. Darf ich Sie einmal anrufen?"
- Freuen Sie sich, wenn andere Menschen auf Sie zugehen, oder ist Ihnen das eher lästig?
- Halten Sie Kontakte, oder überlassen Sie das meistens den anderen?
- Wie wichtig sind Ihnen überhaupt Beziehungen zu anderen Menschen?
- Haben Sie das Gefühl, dass Ihnen die Kontakte zu anderen helfen und das Leben leichter, schöner und interessanter machen?
- Möchten Sie gern mehr Menschen kennen und, wenn ja, warum?
- Was können Sie tun, um diesen Wunsch zu realisieren?

Wie kommt es, dass manche Menschen im Mittelpunkt stehen, wo immer sie auftauchen? Jeder scheint sie zu kennen, jeder spricht gern mit ihnen, ja man reißt sich förmlich um die Gesellschaft einer solchen Person. Warum passiert Ihnen das nicht? Warum wird Ihr Bekanntenkreis nicht größer, warum geht kaum jemand auf Sie zu, warum werden Sie nicht richtig beachtet? Wenn Sie sich manchmal solche oder ähnliche Fragen stellen, dann ist die Frage berechtigt:

Wie verhalte ich mich überhaupt?

Vielleicht sind Sie einfach schüchtern, halten sich für nicht interessant genug, sind unsicher, etwas Falsches zu sagen, oder Sie können sich nicht durchsetzen oder kommen einfach nicht zu Wort. Das muss sich ändern! Hier ein paar Regeln für die Kontaktpflege:

1. Der „Türöffner" für ein Gespräch ist eine Frage. Aber nicht irgendeine Frage, und vor allem keine, die eine negative Antwort ermöglicht. Ideal ist eine Frage, die mit einem Ja beantwortet wird und möglichst ein Gefühl der Gemeinsamkeit hervorruft. Zwei Beispiele: „Finden Sie nicht auch, dass wir heute ganz besonders schönes Wetter haben?" oder: „Sie haben eine schöne Kette. Ist sie aus Indien?". Damit zeigen Sie Interesse an Ihrem Gesprächspartner.

   Die Folge: Er ist positiv gestimmt, öffnet sich mental und emotional. Mit dem richtigen ersten Satz können Sie schon einen Erfolg für sich verbuchen; die Basis ist geschaffen.
2. Eine gute Beobachtungsgabe und Taktgefühl helfen weiter. Wenn Sie mit dem Ausruf: „Mein Gott, du siehst aber schlecht aus; bist du krank?" den Erfolg einer Schlankheitskur kommentieren, haben Sie verspielt. Das wird man Ihnen nie vergessen! Wenn Sie sich nicht sicher sind, schweigen Sie lieber, als dass Sie in ein Fettnäpfchen tappen.
3. Mit einer guten Allgemeinbildung kommen Sie überall weiter, denn Ihnen steht eine große Themenauswahl zur Verfügung. Auch sollten Sie wissen, was gerade in der Welt passiert, damit Sie mitreden können.
4. Echtes Interesse an anderen Menschen sowie ein gutes Gedächtnis machen Sie zu einem Kommunikationsprofi. Fragen Sie Frau Meier beim nächsten Treffen, ob das Kind wieder gesund ist; erkundigen Sie sich bei Herrn Müller, ob er seinen Plan, den er letztens angekündigt hat, realisieren konnte. So sammeln Sie Pluspunkte auf der ganzen Linie.
5. Und last but not least: Erlernen Sie die Kunst des Zuhörens. Jeder möchte wichtig genommen werden, möchte seine Gedanken mitteilen und dabei das Gefühl haben, dass der Gesprächspartner sich wirklich für ihn interessiert. Wenn Sie aber gelangweilt in die Gegend blicken, Bekannten zuwinken, den Redner unterbrechen oder einfach schweigen, nimmt man Ihnen wirkliches Interesse nicht ab. Hören Sie konzentriert zu, geben Sie Feedback durch Fragen oder Wiederholungen.

Ohne Kommunikation geht gar nichts. Sie lernen niemanden kennen und können anderen nicht vermitteln, was Sie wirklich wollen und brauchen. Jeder denkt in seiner kleinen Welt und ist oft nicht mal in der Lage, seine Gedanken so mitzuteilen, dass der andere sie wirklich versteht. Denn auch der lebt in seiner eigenen kleinen Welt. Verständnis funktioniert nur über den verbalen Austausch von Gedanken und Emotionen sowie nonverbal über unsere Körpersprache. Als Transformator haben wir die Sprache, die Worte. Und die wiederum sind individuell geprägt. Empfinden Sie ein Wort als Beleidigung, muss das für Ihre Freundin noch lange nicht der Fall sein. Es kommt darauf an, mit welcher Emotion Sie einen Begriff verbinden. Sie sehen, Kommunikation ist kompliziert. Sich richtig verständlich machen, andere verstehen – nur so können Sie überhaupt vorankommen, im Beruf wie auch im Gespräch mit Ihrem Partner oder Ihren Kindern. Sie merken, dass Sie auf diesem Gebiet Schwierigkeiten haben? Kein Problem: Es gibt Kurse, und sogar mit Büchern lässt sich eine ganze Menge verbessern. Denn wenn Sie erst einmal erkannt haben und sich wirklich bewusst machen, dass alles mit der Kommunikation steht und fällt, dann lohnt es sich, hierfür Zeit und Mühe zu investieren.

Früher saßen die Damen beim Kränzchen zusammen, nähten, stickten oder strickten Socken für die Soldaten an der Front. Auch heute sitzen Frauen zusammen, aber es wird nicht mehr gestrickt. Es wird diskutiert, trainiert von der Körperhaltung bis zur Sprechtechnik. Es wird nicht mehr gefragt, ob frau zwei links, eine rechts stricken soll, sondern wie sie steuerlich am besten fährt, wenn sie ein Büro eröffnet, oder wie sie am besten mit ihrer Zeit umgeht, welches der nächste Schritt auf der Karriereleiter sein könnte. Das einstige Damen-Kränzchen hat sich gemausert zum Frauen-Netzwerk.

In welchen Kreisen sitzen Sie? Wissen Sie eigentlich, welche Auswirkungen es haben kann, die richtigen Menschen zu kennen, Menschen, die ähnliche Interessen und Ziele haben wie Sie: Mütter, die ihren Beruf nicht aufgeben, die ihre Kinder nicht vernachlässigen wollen und die Freude am Leben haben möchten.

Für Frauen gibt es heute eine Reihe von Netzwerken und Berufsverbänden. Allein der Deutsche Frauenrat hat über elf Millionen Mitglieder! Die Berufsverbände sind eher gesellschaftspolitisch ausgerichtet. Die Netzwerke hingegen bieten mehr praktische Unterstützung und Hilfe in Form von Seminaren, Workshops, Arbeitskreisen und ähnlichen Veranstaltungen an. Ob Sie sich für einen Berufsverband oder ein Netzwerk entscheiden, hängt von Ihren Zielen ab. Auf jeden Fall schließt das eine das andere nicht aus.

Im Vergleich zu den meist großen Verbänden sind die Netzwerke fast immer kleiner, überschaubarer und persönlicher. Hier tun sich Einzelkämpferinnen zusammen, um gemeinsam etwas zu erreichen – sei es die Verbesserung der Chancen von Frauen in Führungspositionen oder aber optimale Bedingungen für die Kleinkindbetreuung. Netzwerke für Frauen gibt es mittlerweile fast überall – mit den unterschiedlichsten Zielen. Manche großen Netzwerke haben auch Zweigstellen in verschiedenen Städten.

Was tun Netzwerke?

Frauen, die Erfolg haben, aber noch mehr Erfolg haben möchten, die etwas zu sagen haben und die etwas bewegen wollen, haben sich in Netzwerken zusammengefunden – nach dem Motto: „Gemeinsam sind wir stark". Das sind die Kontakte, die jede Frau braucht, wenn sie weiterkommen, wieder in den Job einsteigen oder sich selbstständig machen will. Einzelberatung, Coaching, Bewerbertraining, Körpersprache, Rhetorik, Verbesserung des Führungsstils, NLP-Grundlagen, Finanzseminare – all dies und noch vieles mehr findet sich in den Programmen der Netzwerke. Falls Sie vorhaben, einmal im Ausland zu arbeiten, wählen Sie ein Netzwerk mit internationalen Verbindungen, zum Beispiel das European Women's Management Development International Network mit Kontakten in über 30 Ländern. Auch für Finanzinteressierte gibt es entsprechende Verbindungen, beispielsweise den MWF Investment Club des Frauennetzwerkes Münchner Wirtschaftsforum. Hier können Sie zum Profi in Sachen Geldanlage werden.

Wenngleich zwar kein richtiges Netzwerk, aber vielleicht die Basis dafür ist der Eltern-Service per Internet unter www.urbia.de. Hier finden Sie Informationen rund ums Kind und können im Chat-Room Kontakte knüpfen.

Egal, ob Sie Rechtsanwältin sind, Sekretärin oder Friseurin oder ein Schreibbüro haben – Netzwerke gibt es mit unterschiedlichen Schwerpunkten und Ausrichtungen.

Wie finde ich das richtige Netzwerk?

Sie sind neugierig geworden und möchten sich einem Netzwerk anschließen? Finden Sie erst einmal für sich heraus, wozu Sie ein Netzwerk brauchen. Was wollen Sie erreichen, wo haben Sie Defizite, die Sie auflösen wollen, wo benötigen Sie Unterstützung? Je genauer Ihre Vorstellung ist, desto gezielter können Sie auf die Suche gehen. Fangen Sie gleich an mit aktivem Networking: Fragen Sie Kolleginnen, Bekannte, Freundinnen etc.

Da Netzwerke noch nicht so lange existieren wie die Berufsverbände, gibt es noch keine vollständigen Nachschlagewerke. Daher ist Eigenrecherche erforderlich. Die Handelskammern und Stadtverwaltungen können Ihnen jedoch weiterhelfen. Werfen Sie einen Blick in die Regionalzeitungen und in das Branchenverzeichnis. Als Informationsquelle gibt es das Handbuch „Netzwerke und Berufsverbände für Frauen“ von Ulla Dick, das „Aral Taschenbuch der Frauenpresse 1999“ sowie „Frauennetze 98/99“ als CD-ROM. Surfen Sie im Internet (Adressen siehe Seite 156), und schauen Sie sich mal in Ihrer Gegend um. Es gibt viele kleine, aber äußerst effiziente Frauengruppen, wie beispielsweise WOMAN's – die Frauen-„Akademie“, das Netzwerk für Businessfrauen in München. Hier werden Workshops, Coaching Seminare und anderes angeboten, Existenzgründerinnen Treffs veranstaltet und Power-Teams zusammengestellt. Im Business Club – für Mitglieder und Gäste – finden regelmäßige Treffen statt, bei denen Erfahrungen ausgetauscht und Kontakte geknüpft werden.

Das bereits oben erwähnte Internet ist eine unerschöpfliche Quelle für Anschriften; einige davon finden Sie auf Seite 154 ff. Oder lassen Sie die Suchmaschine für Sie arbeiten.

Die Beitragssätze der einzelnen Netzwerke sind unterschiedlich, bleiben aber auf jeden Fall im Rahmen.

Netzwerke entstehen aber auch durch private Kontakte, wie sie sich bei der Schwangerschaftsgymnastik, im Kindergarten etc. ergeben. Hier haben Sie ein großes Potenzial, nämlich Frauen in ähnlicher Situation. Nutzen Sie diese Kontakte, schließen Sie sich zusammen, und gründen Sie Ihr eigenes Netzwerk. Verfolgen Sie Ihre Ziele gemeinsam!

Vorträge, Messen, Tagungen

Die Tageszeitungen sind eine unerschöpfliche Quelle für Kontaktmöglichkeiten. Vorträge, Workshops, Ausstellungen oder auch regelmäßige Treffen von Interessengruppen sind dort aufgelistet. Dort lernen Sie Menschen kennen, mit denen Sie etwas gemeinsam haben: Entweder sitzen sie im selben Boot wie Sie, oder aber Sie haben gleiche Interessen und Ziele, wie beispielsweise die steuerliche Situation von Familien, der Umgang mit schwierigen Kindern etc. Das gemeinsame Thema verbindet. Sie schaffen locker und leicht Kontakte und können sich gegenseitig weiterhelfen. Und sei es nur, dass Sie gemeinsam schimpfen. Auch das ist mal nötig.

Seit einigen Jahren findet alle zwei Jahre in Düsseldorf die Frauenmesse TOP statt. Sie ist interessant für alle berufstätigen Frauen oder solche, die wiedereinsteigen möchten. Außerdem findet in Köln jährlich der internationale Frauentag statt. Informationen erhalten Sie beim Rationalisierungs-Kuratorium der Deutschen Wirtschaft (RKW). Mittlerweile gibt es auch viele regionale Frauenveranstaltungen.

Coaching

Coaching ist das Zauberwort, wenn Sie an einem Wendepunkt in Ihrem Leben stehen – und das Leben mit Kind gehört zu solchen Einschnitten –, oder wenn Sie nach längerer Berufspause wieder arbeiten möchten; wenn Sie das Gefühl haben, Sie kommen nicht richtig weiter oder Sie wissen vielleicht auch mal nicht, wo's lang geht.

Sie kennen den Coach aus dem Sport. Er ist es, der den Sportler berät, aufbaut und ansporn, ihm einfach zur Seite steht, damit er seine Stärken richtig einsetzen kann.

Das gibt es auch im beruflichen Bereich. Coaching ist Beratung, Training mit Rollenspielen, aber auch das Erarbeiten von (Karriere-)-

Zielen sowie Techniken wie mentales Training etc., um Probleme besser lösen zu können. Ein Coach wird Sie immer be-stärken. Kritisiert werden Sie sowieso oft genug. Das unterminiert das Selbstvertrauen und bringt niemanden weiter. Ein Coach hilft Ihnen, Ihre Stärken zu erkennen und richtig zu nutzen, neue Perspektiven zu sehen, das Wesentliche vom Unwesentlichen zu unterscheiden, Prioritäten nicht mit Dringlichem verwechseln und vieles mehr. Und Stärken, die haben wir alle – aber manchmal erkennen wir sie nicht, oder wir haben sie vergessen. Dann heißt es aufhören, in Problemen zu denken, und lernen, in Lösungen zu denken. Die aktive Teilnahme ist unerlässlich, denn die Probleme muss jeder selbst lösen.

Dazu verhilft Ihnen beispielsweise Anja Kolberg in Köln. Sie bietet Coaching an – telefonisch und per E-Mail – sowie Seminare speziell für berufstätige Mütter (Anja Kolberg, Kirchweg 118, 50858 Köln, Tel./Fax 0221/9483865 und Infos sowie Newsletter etc. im Internet unter www.frauencoaching.de).

Wie finden Sie einen guten Coach?

Ein Coach muss die Regeln kennen, die in einem Unternehmen gelten. Das heißt, er/sie muss Führungserfahrung haben, muss eigene Schwächen und Stärken kennen und sollte möglichst viele Methoden beherrschen, um eine Situation aus den unterschiedlichsten Blickwinkeln betrachten zu können. Die Chemie zwischen Coach und Klientin muss stimmen. Die Dauer hängt von der Situation ab und kann sich von einigen Stunden bis zu regelmäßigen Treffen über einen längeren Zeitraum erstrecken. Am besten fragen Sie Ihre Kolleginnen oder bei einem Netzwerk nach.

Mentoring

Ohne fremde Hilfe Karriere zu machen – das ist schwer. Lassen Sie sich lieber von einem Fachmann oder einer Fachfrau helfen, profitieren Sie von deren Wissen. Sie dürfen auch ihre Kontakte nutzen. Dieses und vieles mehr versteht man unter Mentoring. Eine Mentorin ist eine Frau, die es geschafft hat und die bereit ist, einer Kollegin, die am

Anfang der Karriere steht, unter die Arme zu greifen – mit ihrer Erfahrung, mit ihren Beziehungen. Etwas Besseres kann Ihnen kaum widerfahren.

So haben sich beispielsweise Firmen zu einem Forum „Frauen in der Wirtschaft“ zusammengeschlossen, mit dem Ziel, engagierte Mitarbeiterinnen zu fördern. Erfahrene Führungskräfte stehen jungen Mitarbeiterinnen zur Seite, gewähren ihnen Einblick in innere Strukturen der Unternehmen und vermitteln firmeninterne Kontakte. Das Interessante dabei ist, dass Mentor und Mentee aus der gleichen Firma sind.

Wie kommt man zu einem Mentor bzw. einer Mentorin?

Es gibt Mentoring-Programme in den Firmen, und es gibt die Möglichkeit, über Netzwerke fündig zu werden, beispielsweise über die Senioren-Beratung oder über Expertinnen-Beratungen. In vielen Städten haben sich aktive Ruheständler zusammengeschlossen, um jungen Menschen auf die Sprünge zu helfen, ihnen bei der Karriereplanung wie auch praktisch beizustehen. Es muss aber nicht immer offiziell sein. Sie können auch versuchen, in Ihrer Firma eine Mentorin zu finden. Würden Sie gern ähnlich wie die PR-Chefin in Ihrer Firma sein, dann wenden Sie sich doch einmal an sie. Suchen Sie Kontakt zu ihr, zeigen Sie ihr, dass sie Ihr Vorbild ist, und machen Sie deutlich, dass Sie gern von ihr lernen würden. Viele Frauen in Spitzenpositionen sind bereit, Kolleginnen weiterzuhelfen – so wie es die Männer untereinander schon lange tun.

IV. Weiterbildungsmöglichkeiten

Stillstand ist der Anfang vom Ende. Das gilt für alle Lebensbereiche. Wenn Sie sich nicht mehr bewegen, rosten Ihre Gelenke ein, und wenn Sie mit Ihrem Wissen nicht mehr up to date sind, bleiben Sie zurück und sind nicht mehr konkurrenzfähig. Bleiben Sie am Ball, auch wenn Sie sich gerade nur in die Kindererziehung stürzen wollen, wenn Sie aufatmen, weil Sie endlich einmal nicht mehr mit der neuesten Software zu kämpfen haben. Bevor Sie sich versehen, verstehen Sie nicht mehr, wovon die Kollegen und Kolleginnen sprechen, wenn Sie nach einigen Monaten wieder einmal in der Firma auftauchen. Nutzen Sie auch einmal die Chance, sich jetzt während des Erziehungsurlaubs für sich persönlich Zeit zu nehmen, in Vergessenheit geratenes Wissen wieder zu aktivieren oder etwas ganz Neues zu lernen. Was kann Ihnen weiterhelfen und Ihnen Pluspunkte verschaffen? Was macht Ihnen Spaß und wirkt sich zugleich vorteilhaft auf den Job aus? Fehlt Ihnen eine Kleinigkeit, um ein Diplom zu bekommen? Gibt es ein Gebiet, auf dem Sie sich spezialisieren wollen?

Checkliste Weiterbildung

- Fehlt mir ein Zeugnis, ein Diplom, ein Abschluss für die Karriere, für den neuen Job?
- Was bringt mich beruflich am besten weiter (Prioriätenliste)?
- Sollte ich Lücken im Fachwissen auffüllen?
- Was fehlt konkret?
- Was könnte mir weiterhelfen?
- Wie steht es mit meinen Sprachkenntnissen?
- Bin ich fit fürs Internet, beherrsche ich die neue Rechtschreibung, das aktuelle Computerprogramm meiner Firma, kann ich das neueste Buchhaltungsprogramm aus dem Effeff?
- Welche Möglichkeiten habe ich, mich auf den und den Gebieten zu verbessern, dazuzulernen, mich weiterzubilden?
- Gibt es eine Volkshochschule oder entsprechende Institute in der Nähe?
- Welche Fernlehrgänge kommen in Frage?
- Wie lange dauert der Kurs, wie hoch sind die Kosten, welchen Zeitaufwand (und eventuell welche Geräte) muss ich einkalkulieren?
- Muss ich das Kind unterbringen, oder kann ich zu Hause lernen?
- Stehen Aufwand und Nutzen im Verhältnis?

Lernen – das kann man immer. Letztlich ist das ganze Leben nichts anderes als ein einziger Lernprozess – zumindest für die Menschen, die sich weiterentwickeln und nicht auf der Stelle stehen bleiben. Lernen hält geistig fit, erweitert den Horizont und verstärkt die Chancen, weiterzukommen. Und es macht Spaß. Haben Sie allerdings keine Freude daran, etwas zu lernen, Ihr Wissen zu vertiefen oder sich etwas ganz Neues anzueignen, dann lassen Sie es lieber. Dann ist Lernen nämlich Schwerstarbeit, weil die Motivation fehlt.

Welche Möglichkeiten gibt es?

Auf dem Land zu wohnen ist heute kein Argument mehr dagegen, etwas für sich tun zu können. Die modernen Techniken machen fast alles möglich, und es gibt verschiedene Weiterbildungsmöglichkeiten. Hier eine kleine Auswahl:

Lernen zu Hause

Daheim bleiben zu können und dennoch weiterzukommen, etwas Neues zu lernen, ihr Wissen zu erweitern oder sogar ein Studium zu absolvieren, das ist für Mütter eine der besten Möglichkeiten. Lernen zu Hause, mit Kind und mit Job: hier gibt es verschiedene Wege. Ob Sie jetzt einen Fernkursus machen, mit CD-ROM oder via Internet lernen – das hängt von den Umständen ab. Die Ausrede „Ich habe keine Möglichkeit, mich weiterzubilden" gilt heute nicht mehr.

Fernkurse

Beginnen wir mit dem Fernkursus: Sie können sich die Zeit einteilen, zwischendurch mal eine Lektion durcharbeiten und stehen nicht unter Zeitdruck. Was Sie brauchen, ist Disziplin sowie einen Zeitplan, den Sie selbst erstellen und an den Sie sich halten sollten. Die Unterlagen werden Ihnen zugeschickt; Sie lösen die Aufgaben und erhalten per Post die Ergebnisse. Je nach Schule und Bereich werden nach gewissen Lernabschnitten einige Tage Unterricht angeboten. Auf diese Weise können Sie nicht nur Ihren Betriebswirt machen, sondern sogar das Abitur nachholen oder Fremdsprachen bis zum Übersetzerdiplom erlernen.

Ohne Englisch geht's in vielen Bereichen überhaupt nicht mehr. Aber auch Französisch-, Spanisch- und Italienischkenntnisse werden bei vielen Jobs vorausgesetzt. Was vor einigen Jahren noch als exotisch galt, wie Japanisch, Chinesisch oder ein afrikanischer Dialekt, gehört heute in vielen Branchen zum ganz normalen Alltag. Wollen Sie einsatzfähig bleiben, dann müssen Sie mitziehen. Ausgezeichnete Sprachkurse per Fernlehrgang oder auf CD-ROM machen Sie fit – bei freier Zeiteinteilung. Manche Firmen beteiligen sich übrigens an den Kosten.

Bevor Sie einen Vertrag unterschreiben, prüfen Sie die Seriosität der Schule. Der „Ratgeber für Fernunterricht" gibt dazu wertvolle Informationen sowie Anschriften. Er ist erhältlich beim Berliner Bundesinstitut für Berufsbildung (BiBB) sowie bei der Staatlichen Zentralstelle für Fernunterricht (ZFU).

Fernstudium

Auch ein Studium können Sie auf auf Fernunterrichtsbasis absolvieren. Neben der FernUniversität Hagen, der einzigen staatlichen Universität, gibt es private Fachhochschulen. Wollen Sie Informatik oder Elektrotechnik studieren, dann ist das hier Online möglich. Betriebswirtschaftlehre und Wirtschaftsinformatik per Internet bietet die Private Hochschule Göttingen an. Die virtuelle Uni ist keine Zukunftsvision mehr. Fast jeden Tag gibt es neue verlockende Angebote. Schauen Sie mal ins Internet unter http://www.fortbildung-online.de. Hier werden Sie garantiert fündig, wenn Sie sich für diese Art der Aus- oder Weiterbildung interessieren.

Kurse speziell für Frauen

Seminare, Kurse, Workshops nur für Frauen – das nehmen manche Zeitgenossen gar nicht richtig ernst. Die Meinungen zu den geschlechtsspezifischen Kursen gehen auch heute noch weit auseinander. Es kommt sicherlich darauf an, um welche Kursinhalte es dabei geht, denn es gibt Bereiche, in denen Frauen erst aufholen müssen, beispielsweise, um sich gegen männliches Dominanzverhalten durchzusetzen, um sich selbst richtig darzustellen und um sich und ihre Fähigkeiten richtig zu verkaufen. Ein gemischtes Training ist da nicht immer Erfolg versprechend.

Die Akademie für Führungskräfte in Bad Harzburg bietet Kurse an zum Thema Managementtraining, Coaching, Rhetorik, Zeitmanagement etc. An der Uni in Dortmund gibt es beispielsweise „Weiterbildendes Frauenstudium“, siehe www.fb14.uni-dortmund.de/frauenstudium

Voll im Trend sind die unzähligen Computerkurse speziell für Frauen. Ob Sie einen 2-tägigen Einsteigerkurs Internet, einen Kurs über QuarkXPress brauchen oder Job-Daten im Internet suchen wollen – bei den Frauencomputerschulen können Sie all das lernen. Auch Telelearning-Kurse werden von diesen Institutionen angeboten. Schauen Sie einfach mal in die Tageszeitung, ins Branchentelefonbuch oder ins Internet: http://www.frauen-computer-schulen.de.

Weiterbildungsangebote für Frauen erhalten Sie über BiBB Online: http://www.bibb.de/internet/frauen, und wenn Sie sich für die Studie „Internetweiterbildungsangebot für Frauen“ interessieren: http://www.diemedia.de/weiterbildung/index.htm.

4. Kapitel

Überlebens-Strategien

Es ist so weit: Alles bricht über Sie herein, die ganze Planung war umsonst. Oder aber es ist da, dieses schleichende Gefühl, dass nichts mehr richtig funktioniert, dass es in der Partnerschaft kriselt, dass das Kind reizbar ist oder Sie schon lange nicht mehr gut drauf sind. Nicht verzagen!

I. Was tun, wenn es zu Hause nicht so richtig läuft?

Die Ehe kriselt

Es ging Ihnen gut, Ihr Zusammenleben war recht harmonisch, und Streitereien hielten sich in Grenzen. Jeder hatte seinen Beruf, die Aufgaben waren fair verteilt, und die freie Zeit verbrachten Sie mit gemeinsamen Hobbys. Und nun sind Sie zu dritt: ein Wunschkind! Und Ihr Partner ist weiterhin auf Karriere- und Sie auf Frustrationskurs!

Das ist keine Seltenheit, wie eine Untersuchung ergab, die die Qualität einer Partnerschaft mit und ohne Kind untersuchte. In etwa 50 % der Fälle geht alles gut, solange keine Kinder da sind. Ein Kind verändert die Beziehung: Der Mann übernimmt die Rolle des Hauptернährers, die Frau steckt zurück. Die Verantwortung für das Desaster wird jeweils dem anderen Partner zugeschrieben. Lediglich Paare, die schon vor der Geburt des Kindes eine eher traditionelle Rollenverteilung hatten, fanden die neue Situation weniger problematisch.

Was tun?
Hier hilft nur, sich der Situation zu stellen, und zwar gemeinsam. Warten Sie nicht, bis sich die Lage zuspitzt. Nehmen Sie Veränderungen in Ihrer Partnerschaft nicht auf die leichte Schulter, und übersehen Sie nicht die kleinen Zeichen der Entfremdung, der Kühle. Trösten Sie sich nicht mit den Worten: „Das wird schon von selbst besser". Nichts wird besser, es sei denn, Sie tun etwas dafür.

1. Ursachenforschung

Klären Sie zuerst für sich selbst: Was ist los mit Ihnen? Was stört Sie wirklich, was be- und überlastet Sie? Was gefällt Ihnen an der Situation nicht, was an Ihrem Partner nicht?

Betreiben Sie Ursachenforschung, indem Sie so lange nachfragen, bis Sie die tiefen Gründe Ihrer Unzufriedenheit aufgedeckt haben.

Die Warum-Technik:

1. Warum bin ich gereizt?	Ich bin überlastet.
2. Warum bin ich überlastet?	Ich habe zu viele Aufgaben zu erledigen.
3. Warum habe ich so viel zu tun?	Weil es sonst keiner tut.
4. Warum tut es keiner?	Weil mein Partner zu wenig Zeit zu Hause verbringt.
5. Warum verbringt er so wenig Zeit zu Hause?	Weil er ausgerechnet jetzt, da das Baby da ist, noch einen Kurs belegt hat.
6. Warum ausgerechnet jetzt?	
usw.	

Sie wissen jetzt, was Sie wirklich stört. Nun brauchen Sie keine Zeit und Energie mit Kämpfen auf „Nebenschauplätzen" zu vergeuden, sondern können sich um eine Lösung bemühen. Laden Sie Ihr Problem nicht mit Gefühlen auf, sondern versuchen Sie die Situation kühl und nüchtern zu betrachten.

Stellen Sie sich ruhig auch einmal vor, nicht Sie wären die Betroffene, sondern Ihre Freundin. Was würden Sie ihr raten?

2. Das Gespräch mit dem Partner

Auch Ihr Partner steht unter Stress und ist vermutlich nicht gerade glücklich mit der kritischen Situation zu Hause. Was tut er? Er ergreift die Flucht in Überstunden, die nicht unbedingt erforderlich sind, er meldet sich freiwillig zu Wochenenddiensten und Seminaren. Diese Vogel-Strauß-Politik bringt weder ihn noch Sie weiter. Klären Sie in konstruktiven Gesprächen, was Sie ändern wollen und können. Eine gute Gesprächsvorbereitung bringt Sie schneller zu einer Lösung.

1. Notieren Sie die Punkte, die Sie stören (siehe oben).
2. Machen Sie konstruktive Vorschläge.
3. Wenn eine radikale Änderung praktisch nicht durchführbar ist, machen Sie einen Stufenplan.
4. Gehen Sie auf die Argumente Ihres Partners ein, und schmettern Sie nicht einfach seine Vorschläge ab.
5. Greifen Sie nicht an, sondern erläutern Sie ruhig Punkt für Punkt.
6. Werden Sie nicht persönlich, sondern formulieren Sie lieber defensiv: „Ich fühle mich überlastet“ ist besser als: „Du tust gar nichts“.
7. Hören Sie gut zu, und verschließen Sie sich seinen Argumenten nicht, auch wenn Ihnen diese nicht gefallen.
8. Erwägen Sie auch ganz ausgefallene Lösungsmöglichkeiten.
9. Erinnern Sie sich an frühere Krisenzeiten und daran, wie Sie diese gemeistert haben.
10. Betonen Sie das, was Sie verbindet, und nicht das, was Sie (momentan) trennt.
11. Setzen Sie sich einen zeitlichen Rahmen. Finden Sie heute keine Lösung, vertagen Sie das Gespräch und setzen einen festen Termin an.
12. Weinen, Toben und Schreien bringt Sie nicht weiter. Wenn Sie bemerken, dass Sie die Fassung verlieren, legen Sie eine Pause ein. Am besten vereinbaren Sie ein Zeichen oder ein Wort, das für beide gilt und von beiden akzeptiert wird.

Fixieren Sie Ihre Gesprächsergebnisse schriftlich. So vermeiden Sie spätere Diskussionen, wer was gesagt oder nicht gesagt hat. Ziel des Gesprächs ist es, die Situation zu entspannen, Ihre Beziehung und das

Familienleben harmonischer zu gestalten. Das ist natürlich nicht nur mit dem Gespräch getan. Es müssen Konsequenzen gezogen und in die Tat umgesetzt werden. Deshalb ist es wichtig, in aller Ruhe alle Argumente durchzusprechen und Pro und Kontra abzuwägen, um gemeinsam eine Entscheidung zu treffen.

Auch Gefühle brauchen mal einen Kick

Stärken Sie das Gemeinsame, und bauen Sie ab, was Sie trennt. Dazu brauchen Sie Zeit nur für Sie beide allein. Nehmen Sie sich frei vom Kind – und sei es nur für ein paar Stunden im Monat, die Sie ganz nach Ihren Wünschen gestalten. Gehen Sie wie früher in Ausstellungen, in Konzerte oder einfach mal in das Bistro nebenan. Für ein paar Stunden lässt sich immer ein Babysitter organisieren. Vielleicht muss die Nähe zum Partner wieder aufgebaut werden. Lernen Sie Ihren Mann neu kennen. Machen Sie sich wieder einmal schön – nur für ihn. Legen Sie seine Lieblingsmusik auf oder das aufregende Parfüm, das ihn so anmacht. Kurz gesagt: Vergessen Sie nicht, dass Ihr Partner ein Mann ist, der Mann, der Sie liebt, und dass Sie jetzt nicht nur Mutter sind, sondern auch Frau! Spüren Sie mal wieder Schmetterlinge im Bauch...

Stimmt es gefühlsmäßig zwischen Ihnen wieder, lässt sich alles andere leichter lösen, denn Sie haben wieder eine gemeinsame Basis. Das erleichtert Kompromisse auf beiden Seiten.

Regeln und Rituale – nicht nur für Spießer

„Ich bin schon überall eingesperrt. Feste Zeiten im Job, feste Zeiten für die Kinderbetreuung, feste Zeiten für den Haushalt. Es fehlen gerade noch feste Zeiten für den Sex", schimpft Jana bei dem Vorschlag, für das Zusammenleben mit Max Regeln und Rituale einzuplanen. Ein Jahr später ist sie wieder die Alte, die Fröhliche, die sich nicht unterkriegen lässt. Woran das liegt? An ein paar kleinen Regeln, die die beiden in ihren Alltag integriert haben. Dazu gehört eine feste Auszeit für gemeinsame Aktivitäten. Früher wurden viele Pläne besprochen. Doch bevor endlich Nägel mit Köpfen gemacht wurden und das Kind für ein paar Stunden bei der Tante eingebucht war, lief der Film schon gar nicht mehr. Mit Konzerten oder Bergtouren war es kaum anders. Wochenlange Debatten, wie alles organisiert werden sollte. War es endlich mal soweit, dann schüttete es in Strömen, oder es gab keine Konzertkarten mehr. Das richtige Leben fand nur noch im Gespräch statt. Bis Jana sich dazu bewegen ließ, es doch einmal mit Regeln zu versuchen:

1. Regel:
Der erste Samstag im Monat gehört Jana und Max. Ein Babysitter wird dann organisiert. Über die Aktivitäten wird abwechselnd entschieden.

2. Regel:
Für jeden Tag, an dem beide zu Hause sind, sind 30 Minuten für ein Gespräch fest eingeplant, egal ob um fünf Uhr früh oder um Mitternacht. Flexibilität ist angesagt.

3. Regel:
Einmal in zwei Wochen haben Jana und Max je einen freien Abend – für Freundinnen, Kosmetik, Kino oder Stammtisch. An diesem Abend ist der daheim gebliebene Partner allein zuständig für den Filius.

Mit solchen freien Zeiten, die nicht nur geplant, sondern tatsächlich gelebt werden, steigt die Lebensqualität erheblich. Ein bisschen Freiraum und Zeit zum Genießen, das braucht jeder Mensch. Diesen Wunsch haben zwar viele Paare, aber nur wenige setzen ihn auch in die Tat um. Dabei ist es nur eine Frage der Organisation, die durch feste Regeln leichter wird. Sie sehen, eine Regel muss nicht unbedingt Einengung bedeuten, sondern kann auch mehr Freiheit und Lebensfreude bescheren.

Stress & Co. nagen am Familienfrieden

Alle reden von Stress. Doch was ist Stress eigentlich? Es kann Stress bedeuten, keine Zeit zu haben, sich überlastet zu fühlen, sich zu viel zuzumuten, etwas Unangenehmes erledigen zu müssen. Stress empfindet jeder Mensch anders, und auch die Auslöser für Stress sind individuell und hängen unter anderem ab von der Persönlichkeit, der Einstellung zum Leben und zur jeweiligen Situation.

Nehmen wir den ganz normalen Stress einer berufstätigen Mutter: Kinder zur Tagesmutter bringen; auf dem Weg zum Job schnell bei der

Reinigung vorbeifahren; Parkplatzsuche; wichtiger Termin und fehlende Unterlagen; Anruf der Tagesmutter, dass die Tochter Fieber hat, Verdacht auf Scharlach! Schnell eine Liste für die Sekretärin schreiben, was zu tun ist; mit dem Kind zum Arzt fahren... So geht das mehr oder weniger jeden Tag. Mal ist ein Kind krank, mal läuft die Arbeit nicht, die Putzfrau streikt, der Liebste ist unfreundlich, weil er Ärger in der Firma hat, die Oma sagt fürs Babysitten ab, weil sie eine Theaterkarte bekommen hat.

Das ist Stress hoch drei, denn alles ist zu viel. Fehler, Nervosität, Reizbarkeit und das Gefühl, nie zur Ruhe zu kommen, sind die Folgen des negativen Stress.

Es gibt aber auch den positiven Stress, der uns antreibt und beflügelt. Er ist wie ein Motor, der genau auf uns und unsere Leistungskapazität eingestellt ist. Er treibt uns an, aber nur so stark, wie wir es vertragen können. Dann läuft die Maschine auf Hochtouren. Der negative Stress ist es, der uns fertig macht. Bleiben wir beim Bild des Motors. Er wirkt wie ein 300-PS-Motor, eingebaut in die Karosserie eines Fiat 500! Lange kann das nicht gut gehen. Der Mensch ist jedoch robuster als ein Auto, und so funktionieren wir weiter, obwohl unsere Karosserie längst reparaturbedürftig ist.

Stress kommt nicht allein von außen. Wer unter Stress leidet, ist zu einem gewissen Grad selbst dafür verantwortlich. Dieser Satz – laut ausgesprochen – ruft oft einen Aufschrei der Empörung hervor. Aber betrachten Sie doch die Stresssituation ganz genau:

Situationsanalyse Stress

- Nehmen Sie sich selbst nicht vielleicht doch zu viel vor?
- Können Sie nicht Nein sagen?
- Glauben Sie, Sie müssten in allem perfekt sein?
- Ist all das, was Sie tun, unbedingt notwendig?
- Können nur Sie diese Aufgaben erledigen?
- Warum delegieren Sie nicht einiges?
- Haben Sie sich selbst dafür entschieden, alle Tätigkeiten zu übernehmen, oder lassen Sie sich Aufgaben von anderen aufbürden?

- Lassen Sie sich ausnutzen, sind Sie zu gutmütig, können Sie nicht Nein sagen?
- Arbeiten Sie nach einer Prioritätenliste, die Sie jeden Tag erstellen, oder erledigen Sie die Dinge einfach so, wie sie gerade anfallen?
- Können Sie Wichtiges von Eiligem unterscheiden?
- Nehmen Sie sich jeden Tag wenigstens einige „Aus"-Minuten – zum Entspannen, nur für sich?
- Wann haben Sie sich das letzte Mal so richtig ruhig und entspannt gefühlt?
- Tendieren Sie dazu, hektisch und nervös zu sein?
- Sind Sie in Gedanken immer schon ein oder zwei Schritte weiter?
- Unterlaufen Ihnen viele Flüchtigkeitsfehler, weil Sie „so viel am Hals" haben?
- Können Sie sich überall und jederzeit innerlich zur Ruhe rufen?
- Möchten Sie gern weniger Stress haben bzw. lernen, besser mit Stress umzugehen?

Stress lässt sich überhaupt nicht vermeiden, besonders dann nicht, wenn man berufstätig ist und Kind(er) zu versorgen hat. Tun Sie das gerne, haben Sie Freude an den Kindern und an der Arbeit, dann werden Sie weit weniger unter Stress leiden als Ihre Kollegin, die ihre Arbeit lustlos verrichtet und nur Schwierigkeiten mit ihrer Tochter hat. Allein die Freude motiviert enorm; die Arbeit geht leicht von der Hand, man benötigt nicht viel Kraft und hat ein Erfolgserlebnis, was die Freude potenziert.

Wenn Ihnen Ihr Leben mit Kids und Job gefällt, hält sich der Stress in einem erträglichen Rahmen. Da dürfen Sie ruhig ab und zu stöhnen, das steht Ihnen zu. Aber der Stress macht Sie nicht fix und fertig. Er beflügelt Sie sogar manchmal, und oft sind Sie stolz auf sich, klopfen sich innerlich auf die Schulter und sagen zu sich: „Das habe ich wieder gut geschafft!"

Aber was können Sie tun, wenn der Stress außer Kontrolle geraten ist?

1. Planen Sie besser

Machen Sie sich Prioritätenlisten und Zeitpläne. Das ist zwar anfangs zeitaufwendig – aber es ist gut investierte Zeit, die Sie später locker wieder einsparen.

- Was muss unbedingt sein?
- Was muss ich abgeben und an wen?
- In welchen Bereichen überlaste ich mich selbst?
- Wobei kann mein Partner mir helfen?
- Habe ich Freude an allem, was ich tue?
- Wenn nicht, was kann ich ändern?

2. Anti-Stress-Strategien

Nehmen Sie sich einmal am Tag Zeit für sich selbst. Das können fünf Minuten sein, in denen Sie Atemübungen oder einen Kopfstand machen, mit dem Baby kuscheln oder mit dem Mann Ihres Herzens telefonieren (dafür feste Zeiten einplanen!). Das kann auch eine halbe Stunde sein, in der Sie jeden Tag joggen, um den Kopf frei zu bekommen oder Entspannungsmusik zu hören. Entscheidend ist, dass Sie sich an diese Regel halten, und zwar jeden Tag, ohne Ausnahme, ohne Entschuldigung. Tun Sie etwas, was Sie beruhigt oder was Ihnen Freude macht, was Sie ablenkt oder entspannt.

Kirsten hat wenig Zeit für solche Stress-Strategien in ihrer Anwaltskanzlei. Dennoch hat sie eingeführt, zwischen zwei Terminen jeweils fünf Minuten Auszeit zu nehmen. Ihre Sekretärin weiß Bescheid und hält Telefonate und Klienten zurück. Bei ihrem stressigen Job reicht das allein aber nicht aus. Mindestens einmal in der Woche – und davon können kein Termin, kein schlechtes Wetter oder etwa Müdigkeit Kirsten abhalten – ist sie im Reitstall und steigt auf ihr Pferd. Mindestens zwei Stunden geht's raus in die Wälder und Felder. Zurück kommt dann eine Frau, die so frisch und so fit ist, als hätte sie sechs Wochen Urlaub gemacht.

Isabell baut Stress ab, indem Sie sich jeden Tag einmal bewusst entspannt. Dafür gibt es die unterschiedlichsten Methoden, vom autogenen Training über Meditation zur progressiven Muskelentspannung oder Qi Gong. Wenn Sie sich dafür interessieren: Es gibt Bücher, Kassetten und Kurse, beispielsweise bei der Volkshochschule.

Wenn Sie sich bei einem Spaziergang so richtig entspannen können, dann drehen Sie jeden Abend oder morgens eine Runde. Leihen Sie sich Nachbars Hund dazu aus.

Oder wie wär's mit dem Urschrei? Wenn Sie vor lauter Hektik und Terminen kaum noch zu sich kommen, sollten Sie dies einmal ausprobieren. Das ist ein unheimlich befreiendes Gefühl. Man sollte das zwar nicht vor Terminen machen, bei denen man viel sprechen muss – die Stimme könnte nämlich darunter leiden. Der Entspannungseffekt ist jedoch enorm.

Die Zeit reicht nie

Stress und Zeitmangel sind fast wie siamesische Zwillinge, nämlich kaum voneinander zu trennen. Sie haben sich eine ganze Menge vorgenommen. Am Ende des Monats stellen Sie fest, dass Sie nicht einmal die Hälfte erledigt haben. Wenn das so Monat für Monat geht, dann hat sich am Ende des Jahres eine Riesenmenge unerledigter Aufgaben angesammelt, mit denen Sie das neue Jahr beginnen. Der Teufelskreis ist perfekt.

Sie planen den Kindergeburtstag. Es muss einfach super sein, es reichen nicht drei Torten und fünf Süßspeisen, es müssen auch noch viele Getränke zur Auswahl bereitstehen. Und dann die Spiele – das Neueste und Beste muss her. Sie hetzen von einem Geschäft zum anderen. Am Vortag wird gebacken, gekocht, gekostet. Wenn die ersten Kinder eintreffen, ist Mutter erledigt und gereizt. „Ich hatte so wenig Zeit", damit werden die schlechten Nerven entschuldigt. Mit weniger Essen und weniger Spielen wären alle genauso zufrieden gewesen – und Sie hätten auch etwas von der Feier gehabt! Zudem haben Sie zu spät mit den Vorbereitungen angefangen, denn Sie konnten sich nicht entscheiden, ob Sie das Fest zu Hause oder bei Oma im Garten feiern wollten.

Sie können auch anders – nämlich mit einem besseren Zeitmanagement.

Zeitmanagement

1. Setzen Sie sich nicht selbst unter Druck Es muss nicht immer vom Feinsten sein, es muss nicht der letzte Schrei oder das üppige Essen sein. Mit ein paar leckeren Kleinigkeiten (vielleicht auch mal vom Partyservice), einer wenig aufwendigen, witzigen Dekoration und ein paar Spielen ist es auch getan. Viel wichtiger ist eine gute Stimmung. Und eine entnervte Mutter, die in den letzten Zuckungen liegt, trägt nicht dazu bei.

Müssen Sie wirklich heute das Kleid aus der Reinigung holen (tragen Sie es denn morgen?), muss es unbedingt das Supersonnenbrot vom Bäcker am anderen Ende der Stadt sein, tut es nicht auch mal das Brot vom Supermarkt um die Ecke; muss der Brief unbedingt noch heute raus (was hängt davon ab?)?

Machen Sie folgendes Gedankenspiel: Was wäre, wenn ich heute überhaupt kein Brot kaufe und auch keinen Brief formuliere? Was ist wirklich dringend notwendig, und was muss nicht sein?

2. Gute Vorbereitung Gute und rechtzeitige Vorbereitung lässt Hektik gar nicht erst aufkommen.

Wenn Sie in aller Ruhe Ihren Einkaufszettel und Ihre Liste der zu erledigenden Dinge gemacht haben, dann bringt Sie eine kleine Änderung nicht ins Schleudern. Sie wissen, was zu tun ist. Nun können Sie sehen, wie Sie den Plan ändern. Je mehr Vorbereitungszeit Sie haben, desto mehr Verbesserungen fallen Ihnen im Lauf der Zeit ein.

3. Wichtig oder eilig? Wenn Sie diese beiden Kriterien nicht unterscheiden, geht schnell alles drunter und drüber, denn leicht bleibt dann Wichtiges liegen, weil wir uns nur auf das Eilige konzentrieren.

4. Verzögerungen einkalkulieren Planen Sie nicht sekundengenau, sondern arbeiten Sie mit kleinen Sicherheitspuffern, damit ein Stau auf dem Weg zum Flughafen, ein wichtiger Kunde, der drei Minuten, bevor Sie das Büro verlassen wollten, anruft oder ein Abstecher in die Apotheke, weil Sie Pflaster für die Kinder brauchen, nicht Ihren gesamten Zeitplan sprengen.

5. Fangen Sie an – sofort! Schieben Sie Dinge nicht von einem Tag auf den anderen, weil Sie keine Lust haben oder weil Ihnen diese Arbeiten unangenehm sind. Bringen Sie es hinter sich – so schnell wie möglich. Sie fühlen sich nicht nur gut, sondern sind auch nicht in die Zeitfalle getappt. Je länger Sie etwas aufschieben, desto weniger Zeit bleibt Ihnen letztendlich – und Zwillingsbruder Stress wartet auch schon.

6. Nutzen Sie Ihre Hoch-Zeit aus Integrieren Sie Ihre persönlichen Tiefpunkte und Hochphasen. Angenommen, Sie sind ein Morgenmensch. Dann tun Sie so viel wie möglich in Ihrer „high time" und legen dann lieber weniger anstrengende Tätigkeiten auf den Nachmittag. Nutzen Sie den Energieschub und planen ihn in Ihren Tagesablauf ein.

7. Lassen Sie sich nicht aufhalten Weder von Vertretern, die Sie an der Haustür in ein stundenlanges Gespräch verwickeln wollen, noch von Kollegen in der Firma, die nur den neuesten Klatsch loswerden wollen, oder von der Kollegin, die nur ihren Frust in stundenlangem Klagen über den Chef bei Ihnen abladen möchte. Lernen Sie, freundlich, aber bestimmt zu sagen: „Sorry, ich habe jetzt keine Zeit. Vielleicht können wir nächste Woche..."
Nicht immer schaffen Sie sich damit Freunde, aber immerhin mehr Zeit für sich selbst. Und ein echter Freund versteht Ihre Situation sowieso. Weniger Verständnis haben Zeit-Schmarotzer, und die brauchen Sie nicht!

8. Sie vergessen so viel bei der Planung? Dann stellen Sie sich einfach einmal die Situation bildhaft in allen Einzelheiten vor. Gehen Sie in Gedanken zum Kindergeburtstag. Wer kommt, was essen die Kleinen, und was macht möglichst wenig Schweinereien auf dem Fußboden? Was kann man bei schönem Wetter draußen, bei Regen drinnen spielen? Ist genug Platz vorhanden?

Letztes Jahr stürzte Klein-Roland so unglücklich, dass meterweise Verbandszeug gebraucht wurde. Haben Sie reichlich Vorrat? Und ist die lockere Fliese inzwischen fixiert, sodass niemand ausrutschen kann? Trainieren Sie Ihre visuellen Fähigkeiten!

Vorwürfe machen mich fertig

„Rabenmutter! Egoistin! Die armen Kinder...Was muss der Mann unter ihr leiden..." – solche Anschuldigungen kennen wir zur Genüge. Die einen wischen sie lässig vom Tisch, die anderen sind sofort in Verteidigungsstellung oder aber gehen gleich zum Frontalangriff über. Wie auch immer Sie reagieren, ein klein wenig bleibt doch tief drinnen hängen. Und es kostet Mühe und Kraft, sich mit den Zweifeln auseinander zu setzen, die durch solche Bemerkungen wieder größer werden. Wie viel Kraft es kostet, hängt von der Tagessituation und Ihren Lebensumständen ab. Haben Sie einen Mann an Ihrer Seite, der voll zu Ihnen steht, hat Ihre Familie Verständnis für Ihre Berufstätigkeit, dann können Sie leichter mit diesen Vorwürfen umgehen. Aber auch dann gibt es Phasen im Leben, in denen die Unsicherheit an uns nagt, beispielsweise wenn die kleine Tochter kränkelt oder erst später zu laufen oder zu sprechen anfängt als gleichaltrige Kinder. Dann sind sie sofort da, die Zweifel.

Beugen Sie deshalb vor, entlarven Sie ungerechtfertigte Anschuldigungen, und legen Sie sich Argumente zurecht, von denen Sie wirklich überzeugt sind, wie zum Beispiel:

- Ich habe lange nach einer optimalen Lösung gesucht, das Kind richtig und liebevoll betreuen zu lassen. Ich habe mir das nicht leicht gemacht, habe das Für und Wider durchdacht. Der Weg, für den ich mich entschieden habe, ist richtig. Mein Kind ist in guten Händen, solange ich außer Haus bin. Ich liebe mein Kind und tue alles, damit es sich wohl fühlt. Dafür habe ich täglich feste Zeiten zum Kuscheln eingeplant.
- Ich habe eine lange und teure Ausbildung gemacht, um in meinem Wunschberuf erfolgreich zu sein. Kind und Job kann ich ganz gut vereinbaren.

  Meine Mutter kann sich tagsüber um die Kleine kümmern, und sie freut sich jeden Tag auf diese Aufgabe; es gibt ihrem Leben wieder Freude nach dem Tod meines Vaters.
- Mein Mann und ich haben eine optimale Lösung gefunden, das Kind gemeinsam zu betreuen.

- Kinder lieben Abwechslung. Ich suche eine Betreuungsstelle für mein Kind, bei der es sich wohl fühlt und Freunde findet. Das könnte ich ihm zu Hause nicht so bieten, denn es gibt hier keine kleinen Kinder.
- Ich arbeite, damit ich meinem Kind später ein Studium ermöglichen kann.
- Ich will mich nicht ständig rechtfertigen. Ich habe alles gut überlegt und stehe zu meiner Entscheidung.
- Ich habe eine stabile Beziehung zu meinem Kind. Meine Aktivitäten haben auf das Kind und meinen Partner eine positive Auswirkung, ich bin zufrieden und so kann ich auch anderen etwas geben.

Welches sind Ihre schlagkräftigen Argumente? Notieren Sie sie.

Sprechen Sie mit Frauen, denen es ähnlich geht wie Ihnen.

Aber Vorsicht: Suchen Sie den Kontakt zu Menschen, die positiv denken, die nach Lösungen suchen. Die chronischen Jammerer, an deren Schicksal immer alle anderen schuld sind, ziehen Sie nur runter. Tun Sie sich mit Menschen zusammen, die das Leben meistern – so wie Sie. Stärken Sie sich gegenseitig. Orientieren Sie sich an Ihren Vorbildern. Wie gehen sie mit Vorwürfen um, welche Argumente haben sie?

Das Gefühl, Sie schaffen es nicht mehr

Sie „laufen" seit Monaten auf Hochtouren, strampeln sich ab, arbeiten von früh bis spät, und dennoch haben Sie das Gefühl, auf der Stelle zu treten. Und schlimmer noch: Je mehr Sie sich abrackern, desto größer scheint die Last zu werden. Sie kommen sich vor wie der Hamster im Laufrad: Er kann rennen, so viel er will, aber er bewegt sich keinen Schritt weiter. Sie arbeiten und arbeiten, aber es ist kein Ende abzusehen. Früher hatten Sie wenigstens an den Wochenenden Zeit für sich. Heute wird an diesen Tagen notdürftig im Haushalt all das erledigt, was während der Woche liegen geblieben ist. Am Sonntag Abend ist der Berg Arbeit kaum kleiner geworden. Das Gefühl, endlich einmal alles geschafft zu haben, kennen Sie gar nicht mehr. Was Sie dagegen zur Genüge kennen, ist das Gefühl, geschafft zu sein. Sie sind müde, überreizt, empfindlich oder aggressiv, je nach Ihrem Temperament.

Was tun?

Stoppen Sie sich selbst, bevor die Umstände Sie stoppen, beispielsweise in Form eines Nervenzusammenbruchs, einer Krankheit oder einer Ehekrise. „Jetzt geht das auf keinen Fall", winkt Martina entgeistert ab. „Jetzt kann ich auf keinen Fall eine Auszeit nehmen!" Und sie zählt auf, was alles zu erledigen ist. Auch wenn Sie es nicht glauben wollen: Es geht auch einmal ohne Sie.

Die meisten Menschen halten sich für unentbehrlich. Der „Big Boss" meint, wenn er nicht da ist, bricht die Firma zusammen; die Vorstandssekretärin glaubt, ihr Chef könne nicht eine einzige Akte finden, wenn sie nicht da ist und die beste aller Mütter denkt, der Familienbetrieb bricht zusammen, wenn sie nicht für alles und für jeden sorgt. Weit gefehlt. Alles geht weiter. Das sehen wir überall: in der Politik, in der Wirtschaft oder der Kunst – und natürlich auch in der Firma, in der Familie und im Haushalt. Wenn Sie sich heute ein Bein brechen, so wird Ihre Familie dennoch nicht verhungern, der Haushalt wird nicht verrotten.

Jeder denkt ab und zu mal: „Ich schaffe es nicht". Fängt Ihr Tag aber mit diesem Gedanken an, und schlafen Sie mit diesem Gedanken ein, dann müssen Sie unbedingt etwas tun, denn sonst brechen Sie eines Tages zusammen. Und damit ist niemandem geholfen.

Gedankenspiele

Stellen Sie sich einmal vor, was wäre, wenn Sie just ab dieser Minute, in der Sie diese Zeilen lesen, für drei Wochen ausfallen. Versetzen Sie sich in diese Situation. Stellen Sie sich bildhaft vor, was jetzt geschieht: Die Kinder bleiben länger bei der Tagesmutter, der Mann kocht, die Nachbarin kauft mit ein für Ihre Familie, im Büro wird Ihre Arbeit unter den Kollegen aufgeteilt, Ihre Mutter springt ein und zieht für ein paar Tage bei Ihnen ein, während Ihr Mann auf Geschäftsreise ist… Es geht weiter. Sicher nicht reibungslos und nicht perfekt, aber es funktioniert – und das ist doch die Hauptsache. Vielleicht haben Sie sich zu viel zugemutet und wollten das vielleicht bisher nicht wahrhaben. Es sagt sich so leicht: „Ich schaffe das schon" – und für eine gewisse Zeit schafft frau es auch.

Aber wenn die Überlastung zu einem Dauerzustand wird, dann muss etwas geschehen. Sie sollten lernen, Dinge loszulassen, Arbeiten abzugeben und zu delegieren.

Unnötiges loslassen

Schreiben Sie alles auf, was Sie tun müssen. Notieren Sie alle Tätigkeiten, unterteilt in die Bereiche Familie, Beruf und Haushalt, und das wieder unterteilt in tägliche Aufgaben sowie sporadische und einmalige Aufgaben.

Geben Sie jedem Punkt eine Prioritätsstufe, dann entscheiden Sie, was Sie abgeben können und an wen.

Ganz wichtig: Stellen Sie fest, wie viel Zeit Sie für sich brauchen – zum Entspannen, zum Krafttanken, einfach nur für sich selbst! Berücksichtigen Sie dies in Ihrer neuen Planung.

Sie sollten mindestens ein Viertel Ihrer Aufgaben entweder ganz abgeben oder aber zumindest teilweise delegieren. Bei jedem Punkt sollten Sie sich die Frage stellen:

- Muss das wirklich sein, ist es lebensnotwendig?
- Muss ich das unbedingt selbst machen, und wenn ja, warum?
- Wenn nicht: Wer kann es übernehmen?
- Welche Folgen hat es, wenn dieser Punkt ganz gestrichen wird?

Wenn Sie Ihre Aufgaben auf dem Papier reduziert haben, dann stellen Sie sich vor, wie Ihr Tagesablauf nun aussieht. Kürzen Sie so lange, bis Sie das Gefühl haben: Jetzt schaffe ich es. Lernen Sie, loszulassen, was nicht unbedingt notwendig ist. Akzeptieren Sie, dass Sie nicht alles können. Machen Sie sich bewusst, dass Sie es sind, die sich selbst am meisten unter Druck setzt.

Kurt war ganz überrascht, als Ursula ihm eines Tages mitteilte, dass sie sich nicht mehr um das Auto und die Finanzen kümmern wolle, weil es ihr zu viel war. Er hatte es noch nie bemerkt. „Aber du hast es doch immer gern gemacht." So gern hatte sie es zwar nie gemacht, es hatte sich so ergeben und wurde einfach zur Gewohnheit. Ursula, die starke Selfmadewoman, konnte nur schwer zugeben, dass ihr etwas zu viel war, und deshalb rackerte sie sich lieber halb zu Tode, als eine vermeintliche

Schwäche zuzugeben. Sie selbst bzw. ihr falsch verstandener Stolz war ihr ärgster Feind.

Wie ist das bei Ihnen? Wie gehen Sie mit sich und Ihren Kräften um?

Treffen Sie eine Vereinbarung mit sich selbst, schließen Sie einen Pakt mit sich, und gehen Sie gut mit sich selbst um. Davon profitieren nicht nur Sie, sondern alle um Sie herum. Denn eine Frau, die etwas weniger, aber das gut und in Ruhe tut, ist ausgeglichen und zufrieden. Davon haben alle etwas.

Das Power-Programm

Je mehr Sie leisten, desto mehr Energie brauchen Sie, und desto mehr müssen Sie dafür sorgen, dass Ihre „Batterie" aufgeladen wird. Wer sich ausgepowert fühlt, hat nicht auf seinen Energiehaushalt geachtet. Damit Ihnen das nicht passiert, sollten Sie vorsorgen. Stellen Sie sich Ihr persönliches Power-Programm zusammen. Das könnte so aussehen:

1. Sorgen Sie für Glücksmomente.

Tun Sie jeden Tag etwas, was Ihnen richtig Freude macht.
Genießen Sie einmal wieder mit allen Sinnen. Riechen Sie den Duft einer reifen Ananas, lassen Sie Eis langsam auf der Zunge zergehen, spüren Sie eine Berührung, nehmen Sie ein Lächeln in sich auf etc.

2. Vergessen Sie nicht Ihre Träume und Wünsche.

Erfüllen Sie sich mindestens einmal im Monat einen Wunsch.

3. Entrümpeln Sie Ihren Geist.

Wenn es Probleme gibt, die im Augenblick nicht gelöst werden müssen bzw. können, dann legen Sie diese „Kraftfresser" beiseite, und lassen Sie sie für eine Zeit lang los. Schreiben Sie die Punkte auf, und legen Sie das Blatt in eine Schublade. Sie wissen, zu einem späteren Zeitpunkt werden Sie sich damit befassen.

4. Lassen Sie sich verwöhnen.

Melden Sie sich zur Massage oder bei Ihrer Kosmetikerin an.

5. Tun Sie etwas außer der Reihe.

Lassen Sie doch einfach mal alles stehen und liegen, packen Sie das Baby in den Kinderwagen, und gehen Sie im Sonnenschein spazieren. Was glauben Sie, mit wie viel Energie Sie nachher die Arbeit anpacken und wie schnell sie Ihnen von der Hand geht!

6. Stellen Sie sich ein Gesundheitsprogramm zusammen:
Gönnen Sie sich mehr Schlaf, sorgen Sie für mehr Bewegung, trinken Sie weniger Alkohol, rauchen Sie weniger Zigaretten etc.
7. Atmen Sie den Stress weg, atmen Sie Ruhe und Kraft ein:
Tief einatmen und sich dabei vorstellen, wie positive Energie Sie durchströmt. Ausatmen und dabei ganz bewusst spüren, wie Verspannungen, Stress und Sorgen sich auflösen.
8. Mit Autosuggestionen Kraft tanken:
Was immer wir unternehmen: Am Verlauf des Geschehens ist unsere Einstellung maßgeblich beteiligt. Zuversichtliche Menschen sind Pessimisten da ein ganzes Stück voraus.

Es ist kein Zufall, dass Sibylle weniger Probleme hat als Marion, denn Sibylle geht mit einer positiven Einstellung in jede Situation. Ihre Kinder bekommen nicht sofort Scharlach, nur weil in der Nachbarklasse ein Kind erkrankt ist. Marions Kinder haben sofort alle Symptome. Sibylle findet auch immer eine hilfsbereite Person, die sich um die Kinder kümmert, wenn sie einmal unvorhergesehenerweise länger arbeiten muss. Marions Klage, dass nie jemand für sie da ist, kennt jeder in ihrer Umgebung. Es sind nicht die Umstände, sondern es ist ganz einfach die grundsätzliche Einstellung, die dafür sorgt, ob wir leichter leben oder uns das Leben selbst schwer machen. Sibylle denkt: „Ich finde jemanden für die Kinder; meine Kinder werden nicht so schnell krank." Marion denkt: „Sicher haben meine als Erste Scharlach; garantiert hat wieder keiner Zeit, die Kinder zu holen, wenn ich länger im Büro bleiben muss."

Auf die Einstellung kommt es an! Ihre Einstellung können Sie selbst beeinflussen, ebenso wie Ihre Gedanken. Und noch besser können Sie dies durch gezielte Autosuggestionen (Selbst-Beeinflussung), wenn Sie sich nämlich jeden Tag mehrmals laut und deutlich sagen, was Sie erreichen wollen. Die Worte prägen sich ein, und unbewusst handeln Sie entsprechend. Probieren Sie es aus. Formulieren Sie positiv, beispielsweise:

- Ich bin voller Energie.
- Meine Arbeit geht mir leicht von der Hand.

- Meine Kinder entwickeln sich prächtig.
- Ich kann Job und Kids gut miteinander vereinbaren.
- Ich spüre, wie meine Kraft mich durchströmt.
- Ich weiß, ich kann alle Aufgaben meistern.

Wenn Sie mehr darüber wissen wollen: Es gibt zu diesem Thema reichlich Literatur und auch Suggestionskassetten.

Eine Insel für die Familie

Wir planen alles: den Job, die Kinderbetreuung, den Haushalt, den Urlaub. Aber Zeit nur für den Partner, nur für die Kinder oder für sich selbst, die planen wir meist nicht ein. Dabei ist das das Wichtigste von allem. Gerade Frauen, die unter Doppel- und Dreifachbelastung stehen, müssen feste Zeiten für sich einplanen, sonst bleiben das Privatleben, die Liebe und die Lebensfreude auf der Strecke.

Crissy ist arbeitswütig. Selten vergeht ein Tag ohne Überstunden; Haushalt und Kinder sind, so perfekt es eben geht, organisiert. Würde sie sich nicht bremsen, gingen auch noch die Wochenenden voll drauf. Aber das ist absolute Tabu-Zeit. Die beginnt Samstag Morgen – mit einem gemütlichen Familienfrühstück – und endet Sonntag Nacht. Die beiden Tage gehören allein der Familie – und das gilt für alle. Es wird nicht im Haushalt gewerkelt, es werden keine Akten gewälzt oder schnell mal ein Geschäftstelefonat geführt. Kinder und Partner, Freizeit und Genuss – das wird eingehalten. So kann die Familie verkraften, dass Mutter während der Woche manchmal nicht ansprechbar ist und dass sie wenig Zeit hat, denn jeder weiß: Samstag beginnt die Familienzeit, dann kann in Ruhe gekuschelt, getobt, gefaulenzt werden – oder es wird etwas ganz Tolles unternommen: Freilichtkinderspiele, Zirkus oder ein Besuch im Labyrinth. Zwei Tage Mutter pur, das reicht aus, finden die Kinder.

II. Was tun, wenn es Probleme mit den Kindern gibt?

Probleme bei der Tagesmutter und im Kindergarten

Auch das will gelernt sein: sein Kind zu anderen Menschen zu geben. Zuerst sind es die Bedenken und Zweifel, ob das Kind sich wohl fühlt, ob die Betreuerin auch alles richtig macht; was ist, wenn etwas passiert... Solche Gedanken setzen jeder Mutter zu. Und dann kommt er, der Tag, an dem Sie Ihren kleinen Liebling zum ersten Mal „weggeben".

Was können Sie tun, damit Ihrem Kind dieser entscheidende Schritt so leicht wie möglich gemacht wird?

1. Achten Sie beim ersten Besuch: ob es sich wohl fühlt, ob es ungewöhnlich still ist, weint, wie es mit den anderen Kindern umgeht. Merken Sie, dass Ihr Kind die Tagesmutter ablehnt, dann sollten Sie sich lieber gleich eine andere Betreuungsperson suchen.
2. Wenn Ihr Kind in einem Alter ist, in dem es Zusammenhänge versteht, können Sie es vorbereiten. Erzählen Sie ihm von den anderen Kindern, mit denen es spielen kann, von dem tollen Spielplatz etc.
3. Für das Kind, aber auch für die Mutter ist das Gewöhnen an eine Tagesmutter ein großer Einschnitt. Für das Kind bedeutet es, zum ersten Mal allein ohne die gewohnte Bezugsperson in einer ungewohnten Umgebung, mit fremden Menschen zurechtkommen zu müssen. Nehmen Sie sich deshalb viel Zeit für diese Phase. Gehen Sie zusammen mit Ihrem Kind erst einmal nur für eine Stunde am Tag zur Tagesmutter, dann zwei, drei Stunden. Übergeben Sie die Betreuung langsam an die Tagesmutter, die nach und nach das Kind versorgt oder eingreift, wenn mit den anderen Kindern Schwierigkeiten auftreten. Ziehen Sie sich langsam zurück, aber bleiben Sie noch im Hintergrund, sodass Ihr Kind jederzeit zu Ihnen kommen kann.
4. Ab dem vierten Tag können Sie ab und zu einmal ins Nebenzimmer gehen, aber nicht, ohne es Ihrem Kind zu sagen. Kommen Sie gleich wieder zurück, wenn es weint, trösten Sie es, und versuchen Sie es später oder am nächsten Tag noch einmal.

Lassen Sie Ihr Kind in den ersten vier Tagen keinesfalls allein. Viele Tagesmütter haben nämlich die Erfahrung gemacht, dass genau diese Zeitspanne entscheidend ist für eine problemlose Eingewöhnung.
5. Langsam dehnen Sie die Zeit aus, in der Sie sich entfernen, bleiben aber in Rufweite. So können Sie schnell wieder zurückkehren, falls Ihr Kind sich nicht beruhigen lässt. Und erst wenn Ihr Kind sich wohl bei der Tagesmutter fühlt, also nicht weint oder unsicher ist, können Sie einmal eine Stunde weggehen. Gehen Sie in Etappen vor, bleiben Sie in Rufweite (Treppenhaus, Garten etc.). Und langsam dehnen Sie diese Spanne weiter aus. Sie sollten aber immer erreichbar sein (Handy oder zu Hause), sodass Sie notfalls schnell zurückkommen können. Rufen Sie die Tagesmutter ruhig an, um zu hören, ob alles okay ist. Eine gute Tagesmutter hat für Ihre Gefühle Verständnis.
7. Überfordern Sie Ihr Kind nicht. Lassen Sie es anfangs nur ein- bis zweimal in der Woche für eine Stunde bei der Tagesmutter, und steigern Sie nur ganz langsam. Achten Sie genau darauf, wie Ihr Kind reagiert.
8. Die Dauer der Eingewöhnung ist von Kind zu Kind unterschiedlich.
9. Selbstverständlich haben Sie eine Tagesmutter gewählt, die Ihnen sympathisch ist. Lassen Sie Ihr Kind das spüren.

Ihr Kind hat sich gut eingelebt, wenn es sich an die Tagesmutter wendet, sich von ihr trösten lässt und Körperkontakt zu ihr sucht und wenn es Kontakt mit den anderen Kindern hat und nicht übermäßig viel gestritten wird.

Auch wenn Ihr Kind schon länger bei der Tagesmutter ist und sich dort wohl fühlt, kann es immer Phasen mit kleinen Abschiedstragödien geben: Tränen, Sich-an-der-Mutter-Festhalten, aber auch bockiges In-die-Ecke-Stellen oder Brüllen – alle Register werden gezogen. Klar, dass Ihnen das Herz blutet und Sie manchmal gern alles hinwerfen, Ihr Kind nehmen und wieder nach Hause gehen würden. Das geht nicht! Da müssen Sie einfach durch, so schmerzhaft das für Sie auch sein mag. Bewahren Sie Ruhe und die Nerven! Bringen Sie Ihr Kind in die Wohnung der Tagesmutter, helfen Sie ihm beim Ausziehen, und verabschieden Sie sich freundlich, aber bestimmt.

Ihr schlechtes Gewissen wird Ihnen in dieser Zeit besonders zusetzen. Das ist normal. Wenn Sie jedoch „schwach“ werden, tun Sie weder sich noch Ihrem Kind etwas Gutes. Hier heißt es, zu der getroffenen Entscheidung stehen. Und zum Trost hier die Beobachtung einer Tagesmutter: Die Kinder weinen meist nur, solange die Mutter in der Nähe ist. Kaum ist sie entschwunden, finden sich die Kleinen mit der Situation ab, und es dauert meist nicht lange, bis sie ins Spiel mit den anderen vertieft sind.

Tränen als Erpressungsmittel kennen schon die Kleinsten. Weniger erpressbar sind Sie und Sie leiden selbst auch weniger, wenn Sie hinter Ihrer Entscheidung stehen.

Sehen Sie die positiven Aspekte: Ihr Kind ist bestens aufgehoben, hat Kontakt mit anderen Kindern und mehr Abwechslung als zu Hause. Und außerdem sind Sie ja auch noch da!

Wenn Sie Freude an Ihrer Arbeit haben, dann profitiert auch Ihr Kind davon. Eine zufriedene berufstätige Mutter kann einem Kind mehr geben als eine frustrierte Hausfrau, die zwar zeitlich voll beschäftigt, aber innerlich nicht gefordert und mit dem Leben unzufrieden ist.

Statt sich emotional erpressen zu lassen, ist es besser, Ihrem Kind ab und zu auf eine andere Weise zu zeigen, wie gern Sie es haben. Lieber ganz gezielt eine Freude machen, einen kleinen Wunsch erfüllen, ganz außer der Reihe, ohne bestimmten Anlass – das macht Kinderherzen froh!

Ob Sie nun Ihr Kind zur Tagesmutter oder in den Kindergarten geben – die Eingewöhnungsphasen sind extrem wichtig. Zeit, Geduld und eine gute Beobachtungsgabe helfen Ihnen dabei.

Hilfe – ich bin eifersüchtig!

Dieser Satz ist keine Seltenheit, vor allem wenn das erste Kind zur Tagesmutter kommt. Auch für die Mutter ist dies ein entscheidender Schritt. Plötzlich ist sie selbst nicht mehr die einzige und erste Bezugsperson für das Kind. Es tut ein bisschen weh zu sehen, dass das eigene Kind mit einer anderen Frau kuschelt, bei ihr Schutz sucht und sich trösten lässt. Ja, manchmal gibt es sogar Abschiedstränen. In solchen Augenblicken sollten Sie sich ganz klar sagen, dass eine intakte Mutter-Kind-Beziehung durch nichts kaputtzumachen ist.

Eine stabile Beziehung entsteht, wenn Sie die Zeit, die Sie mit Ihrem Kind verbringen, ganz bewusst gestalten. Gerade auch durch die Tagesmutter können Sie es sich leisten, Ihrem Kind und seinen Bedürfnissen mehr Zeit pro Tag zu widmen. So wie Sie sich beruflich nicht verzetteln, sondern die beste Lösung wählen, sollten Sie auch für Ihr Kind das Beste aussuchen. Nicht die Quantität zählt, sondern die Qualität! Nicht irgendein Spielzeug, sondern das Spielzeug, das Ihr Kind am meisten erfreut; nicht irgendein Kinderfilm, sondern genau der Film, der Ihrem Kind entspricht; nicht irgendein Kleidchen, sondern das, was die Kleine sich wünscht.

Eifersucht muss nicht sein. Wenn Sie aber dennoch davon geplagt werden, sprechen Sie mit Ihrer Tagesmutter. Sie kennt dieses Problem und kann Ihnen helfen.

Rituale verbinden

Erinnern Sie sich noch, als Sie klein waren? Wie war das an Ihren Geburtstagen, an Weihnachten oder wenn es Zeugnisse gab? Schlag sechs Uhr am Heiligen Abend wurde die Wohnzimmertür geöffnet, die Familie sang „Stille Nacht, heilige Nacht“, und die Kinder konnten kaum den letzten Ton erwarten, um sich auf die Geschenke zu stürzen. Dann gab es den traditionellen Gänsebraten. Die gesamte Familie war zusammengekommen, wechselweise bei einem der Kinder. Zu jedem Geburtstag gab es Opas selbst gerührte Prinzregententorte. Nie wieder hat eine Torte so gut geschmeckt wie diese! Und auch für die Zeugniszeit gab es Regeln. Pro gute Note gab es eine Mark von den Eltern und den Großeltern. Aber heimlich steckten Oma und Opa immer noch einen Zehner in die Tasche…

Jeder wusste: In einem Jahr gibt es wieder die heimlichen Zehner, die Torte und den Gänsebraten. Es war ein beruhigendes Gefühl, und die Erinnerung daran bleibt oft ein ganzes Leben lang im Gedächtnis haften.

Etwas Schönes, das ganz sicher immer wieder kommt, worauf man sich verlassen kann und worauf man sich freuen kann – das gibt Kinderseelen Halt, Trost und Sicherheit. Gerade wenn Kinder auch von anderen Menschen mitbetreut werden, schaffen Rituale eine enge und tiefe Verbindung. Vielleicht machen Sie es sich zur Regel, dass Sie Ihrem Kind jeden Abend eine Geschichte vorlesen oder ihm einen ganzen Tag in jeder Woche nur ihm alleine widmen. Ein Lied, dessen tiefe Bedeutung nur Sie beide kennen, oder Ihr Kind darf selbst bestimmen, wie der Geburtstag gefeiert wird… Es gibt tausend Möglichkeiten Ihre ganz persönlichen Regeln und Rituale zu entwickeln. Wichtig ist nur, dass sie dann auch immer eingehalten werden.

Krankheiten kommen über Nacht

Zwar haben Sie am Abend schon bemerkt, dass Karlchen ruhiger war als sonst und seine Augen so einen eigenartigen Glanz hatten, doch sonst schien alles in Ordnung zu sein – und schließlich mussten Sie noch die Mappe für die Präsentation vorbereiten, was Ihre ganze Aufmerksamkeit in Anspruch nahm. Am Morgen glüht Karlchens Kopf, und der Junge ist schweißgebadet! Was tun? Sie hatten doch die ganze Präsentation vorbereitet und sollten die neue Kampagne vorstellen – und jetzt ist das Kind krank und der beste aller Väter seit Tagen auf Geschäftsreise!

1. Wenn für solche Notfälle keine Freundin, Oma oder Nachbarin zur Verfügung steht, dann wenden Sie sich an den
Notmütterdienst Familien- und Altenhilfe e.V.
Sophienstr. 28, 60487 Frankfurt,
Telefon 069/776611 – Fax 069/779083

Von dort werden bundesweit geschulte Betreuerinnen für derartige Fälle vermittelt. Die Notmütter kommen ins Haus und übernehmen nicht nur die Kinderbetreuung, sondern kümmern sich – je nach Fall – auch um den Haushalt.

2. Können Sie ein krankes Kind nicht selbst betreuen, weil Sie keinen Urlaub mehr haben oder nicht von der Arbeit wegkönnen, dann wenden Sie sich an das Jugendamt, und beziehen Sie sich auf § 20 „Betreuung und Versorgung des Kindes in Notsituationen“ des SGB VIII. Beratung erhalten Sie auch bei Kinder-Krankenpflegediensten.

3. Wenn Ihr Kind länger krank ist (ärztliches Attest nötig), können Sie bezahlte Arbeitsfreistellung bei Ihrem Arbeitgeber beantragen („Vorübergehende Verhinderung“ nach § 616 BGB). Sprechen Sie auch mit

Ihrem Betriebsrat, denn durch Tarifverträge können andere Regelungen gelten. Außerdem gibt es die Möglichkeit, unter gewissen Voraussetzungen unbezahlte Freistellung zu erhalten.
4. Anspruch auf eine Haushaltshilfe (§ 38 SGB V) haben Sie, wenn niemand für Ihr Kind sorgen kann, weil Sie beispielsweise selbst krank sind, allein erziehend etc. Die Vermittlung erfolgt durch die Wohlfahrtsverbände.

Die Kinder werden selbstständig

Eine nervenzerreißende Angelegenheit ist es, wenn Kinder die Selbstständigkeit proben: auf Garagendächer klettern, den Puppen Essen kochen, die neue Telefonanlage ausprobieren etc. Mütter erleiden Todesängste, wenn das Kind zehn Minuten zu spät von der Freundin kommt oder im Keller ein Indianerfeuer angezündet wird. Doch wir waren alle einmal klein und haben diese und andere Abenteuer meist ganz gut überstanden. Älter geworden, sehen wir eher die Gefahren und haben vergessen, dass Worte damals wenig Eindruck bei uns hinterließen. Der berühmte Griff auf die heiße Herdplatte, der verbrannte Finger – das haben wir nur einmal gemacht.

So viel anders sind Kinder heute auch nicht. Sie lernen durch Erfahrung. Ihnen den Freiraum zu geben, den Sie dazu brauchen, kostet Nerven.

Aber der Einsatz lohnt sich, gerade wenn Sie berufstätig sind und Ihre Kinder vielleicht ein wenig mehr und ein bisschen früher als andere Verantwortung übernehmen (müssen).

Lassen Sie Ihr Kind Selbstvertrauen entwickeln, indem Sie es unterstützen und es nicht durch Ihre Ängste verunsichern.

Helma musste wirklich an sich halten, als die Tochter hingebungsvoll Pudding kochte. Die heiße Milch schäumte über, das störte das Kind nicht – gleich das Pulver rein und das Ganze noch einmal aufgeschäumt über die Herdplatte verteilt. Helma zuckte und riss sich zusammen. Kein Vorwurf kam über ihre Lippen, sondern nur der kleine Hinweis, vielleicht die Hitze zu reduzieren. Das nächste Mal geht es bestimmt besser ...

Lassen Sie Ihr Kind die Dinge auf seine Weise angehen und Probleme lösen. Aus kindlicher Sicht sieht vieles anders aus. Ein Kind muss lernen. Jeden Tag erfährt es Neues. Solange alles gefahrlos abgeht, sollten Sie nicht eingreifen. Auch wenn es viel länger dauert, wenn tausend Umwege gemacht werden: Lassen Sie Ihr Kind seinen eigenen Weg gehen. So kann sich kreatives Denken am besten entwickeln. Greifen Sie nur ein, wenn es wirklich sein muss – und dann vorsichtig und mit viel Feingefühl.

Haben Sie Geduld. Auch wenn es dreimal so lange dauert, bis Ihr Sohn die Schuhe selbst zugemacht hat. Lassen Sie ihn das in aller Ruhe tun, und freuen Sie sich, wenn er stolz darauf ist, es geschafft zu haben.

Kinder von berufstätigen Müttern sind, bedingt durch die Umstände, früher selbstständig als ihre Altersgenossen. Die Mütter können stolz auf ihre Kinder sein, die mit Freude die Verantwortung für sich übernehmen. Zeigen Sie Ihrem Kind, wie toll Sie es finden, dass es alle Telefonate notiert, dass es die Wohnungstür immer richtig abschließt etc.

Die meisten Kinder genießen es, an der „langen Leine" zu laufen und ernst genommen zu werden. „Ich war froh, dass meine Mutter immer erst am Spätnachmittag von der Arbeit kam; so hatte ich mehr freie Zeit", sagt nicht nur Regina.

Kontakt zu anderen Eltern

Kontakt ist immer gut. Informieren Sie sich einmal bei der Gemeinde, bei Familienbildungsstätten, Mütterzentren etc. über Eltern-Kind-Gruppen. Hier geht es nicht um die Betreuung von Kindern, sondern darum, dass Sie mit Menschen in ähnlicher Situation Erfahrungen austauschen können und sich gegenseitig unterstützen können. Netzwerke aufbauen! Von Jugendämtern und Wohlfahrtsverbänden können Sie Anschriften von Elterninitiativen erhalten.

Ferienzeit ist nicht gleich Freizeit

Dies kennen alle berufstätigen Mütter: ein Vierteljahr Ferien – und nur sechs Wochen Urlaub im Jahr. Wie soll frau das bewerkstelligen?

Für größere Kinder gibt es Freizeiten oder Jugendgruppen – und das ist schon nicht einfach. Aber bei den Kleinen sind viel Phantasie und Einfallsreichtum erforderlich, um dieses Problem zu lösen. Wenn keine Familienmitglieder da sind, die aushelfen können, muss Jahr für Jahr improvisiert werden. Nicht jeder ist in der glücklichen Lage wie Astrid, die als Lehrerin so viel freie Zeit hat wie ihr Sohn Jan. Zwar muss sie sich vorbereiten und an Besprechungen teilnehmen, aber das lässt sich leicht regeln.

Marga drückt ihren Sohnemann den Eltern aufs Auge, und als Bonbon für die Eltern bucht sie die Ferienwohnung von Freunden an der Algarve. Hier hat der Kleine inzwischen seine Ferienfreunde, und auch die Eltern haben inzwischen Bekanntschaften geschlossen, sodass nach drei Jahren keiner mehr fragt, was in den Ferien geschieht. Selbstverständlich fahren Oma und Opa mit dem Kind nach Portugal.

Janna hat mit ihrer Freundin eine Art Wechselschicht organisiert. Jeder nimmt einen Teilurlaub und das Kind der Freundin. Für die restliche Zeit werden Aktivitäten beim Jugendamt, Tage auf dem Bauernhof etc. gebucht. Einfach ist das nicht, denn schließlich wissen die Kinder schon in jungen Jahren ganz genau, was sie überhaupt nicht wollen und was bedingt akzeptiert wird. Und nur weniges findet ihren vollen Beifall.

Nicht jeder hat so viel Glück wie Eva-Marie. Ein befreundetes Ehepaar in der Nähe ist überglücklich, wenn es Malinka betreuen darf. Beide verwöhnen das Kind nach Strich und Faden, sodass die Mutter nach den Ferien Mühe hat, die Kleine wieder in den ganz normalen Alltag einzugliedern.

Ein Patentrezept gibt es – wie immer – nicht. Sie sollten Kontakte pflegen, unkonventionelle Möglichkeiten nicht ausschließen, offen sein und sich mit anderen zusammentun, notfalls mit dem Partner so genannten „getrennten“ Urlaub einreichen, entfernte Verwandte ausfindig machen etc.

III. Was tun, wenn es Probleme mit der Arbeit gibt?

Arbeiten zu Hause

So praktisch die Arbeit zu Hause auch sein mag: Sie hat auch ihre Schattenseiten. Schnell vermischen sich nämlich Arbeit und Privatleben. Mal hier ein bisschen im Haushalt gemacht, das Kind getröstet, und dann wird weiter in den Akten geblättert. Zwischen Mittagessen und Babywickeln noch schnell ein Telefonat mit dem Kunden etc.

Auf Dauer tut das nicht gut, denn Sie haben weder ein richtiges Privatleben noch sind Sie ganz bei der Arbeit. Die Grenzen verwischen. Vor allem sehen Sie überall nur noch Arbeit – ob Sie am Wochenende beim Frühstück sitzen oder von einem Ausflug nach Hause kommen. Liegen Ihre Geschäftspapiere im Wohnzimmer und sind Privat- und Geschäftsgespräche auf einen Apparat geschaltet – dann sind Sie bald 24 Stunden an sieben Tage pro Woche im Job. Wo bleibt die Familie, wo Ihre Freizeit, wo können Sie sich wirklich entspannen und abschalten?

Deshalb: Ziehen Sie auch zu Hause eine klare Trennung zwischen Job und Privatem.

Das lässt sich am besten mit einem separaten Arbeitszimmer verwirklichen. Ein Schild an der Tür „Bitte nicht stören" und feste Arbeitszeiten helfen Ihnen dabei, sich abzugrenzen.

So wie Sie Ihre festen Auszeiten für die Familie nehmen, so sollten Sie ebenso feste Zeiten für die Arbeit einplanen. Auch für Selbstständige, die zu Hause arbeiten, ist das möglich. Sie können ruhig auch abends arbeiten, wenn dies für Sie und den „Familienbetrieb" am besten ist. Nur eine klare Trennung muss sein!

Man tendiert ja leicht dazu, sich, wenn man zu Hause arbeitet, im Jogginganzug und ungeschminkt – sozusagen ganz in Natur – zu geben. Das ist nicht gut. Ordentliche Kleidung und ein gepflegtes Aussehen sollten auch im Homeoffice selbstverständlich sein. Sie fühlen sich übrigens ganz anders, wenn Sie sich für die Arbeit entsprechend kleiden. Probieren Sie es aus.

Kinder und Job zu Hause

Brigitte ist freie Lektorin für Fachbücher. Oft kommen die Aufträge kurzfristig, und oft hat sie schwierige Texte zu bearbeiten. Konzentration ist für sie daher ein Muss. Für die Kinder hat sie vormittags eine Hilfe, die sich auch um den Haushalt kümmert. Meist reicht das aus, denn sie versucht die Zeit so einzuteilen, dass sie vormittags und dann lieber noch später am Abend über ihren Manuskripten sitzt. Doch es gibt Zeiten, in denen alles drunter und drüber geht. Der Autor ist um Wochen in Verzug, die Fahnen kommen nicht rechtzeitig vom Drucker, aber alles muss pünktlich fertig sein. Gelobt sei, was hart macht! In diesen Phasen müssen sich die Kinder am Nachmittag auch mal selbst beschäftigen. Damit das funktioniert, hat Brigitte ein System ausgeklügelt, das die Kinder motiviert, ihre Mutter nicht zu stören. In solchen Krisenzeiten wird abgesprochen, wann Brigitte sich für die Arbeit zurückzieht. Störungen dürfen wohl sein, aber das kostet Strafpunkte. Es gibt nämlich einen Punktekatalog. Für jede ungestörte Stunde erhält jedes Kind zehn Pluspunkte, jede Störung kostet zwei Strafpunkte. Die Abrechnung erfolgt wie in einem ordentlichen Betrieb am Monatsende. Dann wird festgelegt, wie die Kinder ihre Punkte „eintauschen“ dürfen: Kino, ein neues Spiel, am Wochenende darf der Freund kommen etc.

Diese Regelung hat sich als wahrer Segen erwiesen. Die Kinder sind motiviert, nicht unnötig zu stören. Sie wissen, dass in einem echten Notfall das Punktesystem nicht greift. Sie sind stolz auf sich, wenn sie viele Punkte erreicht haben, und freuen sich darüber, dass Mutter stolz ist auf ihre beiden selbstständigen Jungs.

Sie trauen sich den Job nicht mehr zu

Endlich ist es soweit: Sie haben alles geregelt, und in zwei Wochen steigen Sie wieder in Ihren Job ein. Sie freuen sich, denn Sie haben Glück und können wieder an Ihrem alten Arbeitsplatz anfangen. Doch je näher der Termin rückt, desto unsicherer fühlen Sie sich. Ob Sie wirklich auf dem Laufenden sind? Immerhin waren Sie drei Monate weg. Ob die Kollegen und Kolleginnen nicht doch ein paar Fußangeln für Sie aufgestellt haben? Ob es mit der Kinderbetreuung wirklich so gut klappt? Sie wissen, Sie können sich keinen Fehler erlauben. Mit jedem Tag werden Sie verzagter, und am liebsten würden Sie zurücktreten, sich zurückziehen und sich nur noch zu Hause um den Nachwuchs kümmern. Dieser Gedanke wird immer stärker, und schließlich sind Sie total verunsichert. Aber Sie können nicht mehr zurück!

Auch wenn Sie die ganze Zeit über Kontakt mit Ihrer Firma gehalten haben und über alles informiert sind, so sind Sie jetzt in einer ganz neuen Situation. Schließlich haben Sie ja nicht einfach für ein paar Monate Urlaub genommen, sondern haben eine ganze Menge erlebt und sind in einem neuen Lebensabschnitt. Das geht nicht spurlos an Ihnen vorbei. Und so ist es nicht verwunderlich, dass Ihnen der Wiedereinstieg Probleme bereitet. Erst einmal ist es ganz normal, dass Sie so gebeutelt werden. Das ist kein Grund zur Sorge. Steigern Sie sich nicht hinein, sondern sehen Sie die positiven Aspekte. Sie haben sich für Kind und Job entschieden – das ist es, was Sie glücklich macht, das ist es, was Sie wollen und wofür Sie sich nach reiflicher Überlegung entschieden haben.

Nun geht es darum, einen kühlen Kopf zu bewahren.

- Gehen Sie noch einmal alle organisatorischen Punkte durch. So entlasten Sie Ihr Gewissen. Alles ist bestens geregelt.
- Ihre Abteilung freut sich, wenn Sie wieder da sind. Nehmen Sie ruhig die Hilfsangebote von Kollegen an.
- Erinnern Sie sich an Ihre Erfolgserlebnisse. Sie wissen, was Sie können. Durch die Geburt Ihres Kindes hat sich daran nichts geändert.
- Sie sind top im Job. Sagen Sie sich das jeden Tag mehrmals (Autosuggestion!).
- Der Umgang mit einem Neugeborenen hat Sie sensibler gemacht. Sie kommen noch besser mit anderen Menschen aus.

Keine Panik: Sobald Sie an Ihrem Arbeitsplatz sitzen und in der vertrauten Umgebung mit den Kollegen sprechen, fällt Ihre Unsicherheit von Ihnen ab. Sie sind wieder „zu Hause" im Job.

Lernen Sie, Nein zu sagen

Überstunden, Arbeit am Wochenende, schnell mal ein Geschäftstrip nach London für zwei Tage – das geht jetzt nicht mehr so einfach. Sie müssen vorausplanen, und daran muss sich auch Ihr Umfeld gewöhnen. Das geht meist nicht ganz reibungslos, denn wer anwesend ist, wird eingeteilt – so war es immer. Sie müssen lernen, freundlich, aber bestimmt Nein zu sagen. Das fällt Frauen meist schwerer als Männern, denn wenn jemand an unsere Hilfsbereitschaft appelliert, sagen wir oft ohne nachzudenken Ja. Das muss sich ändern!

- Treffen Sie Vereinbarungen, die für Sie realistisch sind.
- Sagen Sie nicht vorschnell etwas zu: Bevor Sie eine Zusage machen, überlegen Sie genau, was passiert, wenn Sie nicht zum vereinbarten Zeitpunkt nach Hause kommen und das Kind abholen etc.
- Sagen Sie nicht: „Vielleicht könnte ich..“ oder: „Eigentlich muss ich pünktlich gehen“, sondern lernen Sie, klare Aussagen zu machen.
- Fühlen Sie sich nicht persönlich angegriffen, wenn Ihre Absage nicht gerade mit Freude akzeptiert wird.

Ein klares „Nein“ hilft allen Beteiligten mehr als ein halbherziges „Vielleicht“. Eine schlecht gemachte Arbeit, weil Sie „eigentlich“ keine Zeit hatten, schadet Ihnen mehr als eine klare Absage.

Organisation ist alles

Für Ivy ist das alles kein Problem. Sie sollte ihre Firma auf einer Veranstaltung vertreten. Auf die Frage, was denn ihr vier Monate alter Sohn mache, antwortete sie strahlend: „Er bekommt gerade die Brust.“ Große Verwunderung: „Sie sind doch hier?!“ „Das macht ja auch mein Mann. Wenn ich zur Stillzeit nicht da bin, gibt mein Mann dem Kleinen die abgepumpte Milch. Manchmal friere ich sie sogar ein, wenn mal der große Hunger kommt. Und schließlich haben wir ja eine Mikrowelle!“ Wenn das nicht perfektes Management ist!

Warum machen Sie es nicht nach?

Top im Job und super als Mutter – das ist zu schaffen!

Anschriften

Information, Beratung bei beruflichen Fragen, Wiedereinstieg
(siehe auch unter Kinderbetreuung)

Informationen erhalten Berufsrückkehrerinnen bei den Arbeitsämtern sowie den Industrie- und Handelskammern, Frauenberatungsstellen, IHK, Arbeitsförderungszentren, Wiedereingliederungsstellen für Frauen sowie bei

Bundesministerium für Familie,
Senioren, Frauen und Jugend
Rochusstr. 8–10, 53145 Bonn
(Broschürendienst) und
10117 Berlin
Tel. 0 30/2 06 55-0,
Fax 0 30/2 06 55-11 45
www.bmfsfj.de (Infodienst
des Bundesfamilienministeriums)

Bundesministerium für Arbeit
und Sozialordnung (BMA)
Postfach 500, 53105 Bonn
Tel. 02 28/5 27-0
www.bma.de (Fallstudien,
Datenbank, Suchwortregister
des Bundesarbeitsministeriums)
www.flexible-unternehmen.com
(Newsletter per E-Mail,
Info zu flexiblen Arbeitszeiten)

Bundesanstalt für Arbeit
Regensburger Str. 104
90478 Nürnberg
Tel. 0911/1 79 0

Bundesvereinigung der
Arbeitgeberverbände
Breite Str. 29
10178 Berlin
Tel. 0 30/2 03 30

Commerzbank AG
(Projekt „Consens“)
Zentraler Stab Personal
Konzernsteuerung
Kaiserplatz,
60261 Frankfurt a. M.
Tel. 0 69/1 36-2 90 04
(Barbara David)
Tel. 0 69/1 36-2 93 14
(Tatjana Theodoroff)
Fax 1 36-2 68 99

Deutsche Angestellten-
Gewerkschaft
Johannes-Brahms-Platz 1
20355 Hamburg
Tel. 0 40/3 49 15 01

Deutscher Gewerkschaftsbund
Hans-Böckler-Str. 39
40476 Düsseldorf
Tel. 02 11/4 30 10

Deutscher Industrie- und Handelstag
Adenauerallee 148
53113 Bonn
Tel. 02 28/10 40

Gemeinnützige Hertie-Stiftung
Projektbereich Beruf & Familie
Lyoner Str. 15,
60528 Frankfurt a. M.
Tel. 0 69/6 66 84 13
Fax 0 69/6 66 90 20
(Stefan J. Becker)
www.beruf-und-familie.de
Online-Info-Börse für zukunftsfähiges Personalmanagement

Zentralverband des Deutschen Handwerks
Mohrenstr. 20 – 21
10117 Berlin
Tel. 0 30/20 61 90

Deutsches Jugendinstitut (DJ)
Nockherstr. 2
81541 München
Tel. 0 89/6 23 06-2 05
(Sekretariat)

Bundesverband für Zeitarbeit (BZA)
Personal-Dienstleistungen e.V.
Vorgebirgsstr. 39
53119 Bonn
Tel. 02 28/76 61 20
Fax 02 28/7 66 12 26
www.bza.de

Information, Beratung und Hilfe in Fragen Kinderbetreuung, Vereinbarkeit Beruf/Familie (siehe auch Wiedereinstieg)

Auf Landesebene auch Stiftungen, wie „Hilfe für Mutter und Kind", „Familie in Not" etc., außerdem örtliche Jugendämter sowie die Spitzenverbände der Freien Wohlfahrtspflege:

Arbeiterwohlfahrt
Bundesverband e.V.
Oppelner Str. 130, 53119 Bonn

Deutscher Familienverband e.V.
Argelanderstr. 71, 53115 Bonn
Tel. 02 28/5 41-0

Arbeitsgemeinschaft für Erziehungshilfe e.V. (AFET)
Bundesvereinigung
Gandhistr. 2
30559 Hannover

Bundesarbeitsgemeinschaft
der Mütter- und Familien-
selbsthilfe e.V.
c/o Bundesarbeitsgemeinschaft
der Elterninitiativen e.V.
Die Mitarbeit in Bayern e.V.
Einsteinstr. 111, 81675 München

Deutscher Caritasverband e.V.
Karlstr. 40
79104 Freiburg i. Br.

Paritätisches Bildungswerk e.V.
Heinrich-Hoffmann-Str. 3
60528 Frankfurt

Deutsches Kinder-Hilfswerk
Rungestr. 20
10179 Berlin
Tel. 0 30/2 79 56 56

Deutsches Rotes Kreuz e.V.
Friedrich-Ebert-Allee 71
53113 Bonn

Tel. 05 11/51 12 12
Verein berufstätiger
Mütter (vbm)
Corneliusstr. 2
50678 Köln
Tel. 02 21/32 65 79
Fax 02 21/32 58 76
www.is-koeln.de/vbm

tagesmütter
Bundesverband für Kinder-
betreuung in Tagespflege e.V.
Breite Str. 2, 40670 Meerbusch
Tel. 0 21 59/13 77
Fax 0 21 59/20 20

Verein für Haueninteressen
Maximilianstr. 6
80539 München
Tel. 0 89/2 90 44 63

Mütter- und Familienzentren
stehen Berufsrückkehrerinnen
mit Rat und Tat zur Seite.
Wenn Sie nicht wissen, wo ein
Mütterzentrum in Ihrer Gegend
ist, können Sie nachfragen bei:

Mütterzentrum
Bundesverband e.V.
Geschäftsstelle
Müggenkampstr. 30 a
20257 Hamburg
Tel. 0 40/4 01 70 60

Babysittervermittlungs-
service (bundesweit):
www.leihopa.de

Allgemeine Infos:
für Eltern und Kinder
im Internet unter:
www.kidnet.de

Alleinerziehende:
Verband alleinerziehender
Mütter und Väter (VAMV)
Bundesverband e.V.
Beethovenallee 7, 53173 Bonn
Tel. 02 28/35 29 95
Fax 02 28/35 83 50

Verband alleinstehender
Frauen e.V.
Eulenbergstr. 5, 51065 Köln
Tel. 02 21/62 20 26

Selbsthilfe-Initiative
Alleinerziehender e.V.
(SHIA Hauptverband)
Rudolf-Schwarz-Str. 29
10407 Berlin
Tel. 0 30/4 25 11 86
Kinderbetreuung:
Rudolf-Schwarz-Str. 31
Tel. 0 30/42 80 09 01

Existenzgründungen:
Verband Deutscher
Unternehmerinnen
Gustav-Heinemann-Ufer 94
50968 Köln
Tel. 02 21/37 50 74

Bundesverband Deutscher
Unternehmensberater e.V.
Friedrich-Wilhelm-Str. 2
53113 Bonn
Tel. 02 28/9 16 10

Bundesverband der
Wirtschaftsberater
Lerchenweg 14,
53909 Zülpich
Tel. 0 22 52/8 13 61
Fax 0 22 52/29 10

Rationalisierungskuratorium
der Deutschen Wirtschaft e.V.
(RKW)
Düsseldorfer Str. 40
65760 Eschborn
Tel. 0 61 96/4 95-1

EXZET Existenzgründer-
zentrum Stuttgart e.V.
Industriestr. 51
70565 Stuttgart
Tel. 07 11/78 19 32-0
www.exzet.de
Deutscher Franchise-Verband
Paul-Heyse-Str. 33
80336 München
Tel. 0 89/5 30 71 40

Im Internet:
www.existenzgruenderzentrum.de

Finanzierungsfragen:
Deutsche Ausgleichsbank
Wielandstr. 4
53170 Bonn
Tel. 02 28/8 31 24 00

Weiterbildung:
Staatliche Zentralstelle
für Fernunterricht (ZFU)
Peter-Welter-Platz 2, 50676 Köln
Tel. 02 21/92 12 07-0
www.zfu.de

Bundesinstitut für Berufsbildung (BiBB)
Hermann-Ehlers-Str. 10
53113 Bonn
Tel. 02 28/10 70
www.bibb.de

Aktion Bildungsinformation (ABI)
Alte Poststr. 5, 70173 Stuttgart
Tel. 07 11/29 93 35

Fern Universität Hagen
Studentensekretariat:
Konkordiastr. 5, 58097 Hagen
Tel. 0 23 31/9 87 24 44
https://vu.fernuni-hagen.de

Staatliche Zentrale für
Fernunterricht (ZFU)
Peter-Welter-Platz 2, 50676 Köln
Tel. 02 21/92 12 07-0

AKAD Hochschule für
Berufstätige (Fernstudium)
Maybachstr. 18, 70469 Stuttgart
Tel. 07 11/8 14 95-22
Fax 8 14 95-9 99

Weiterbildendes Frauenstudium
Universität Dortmund
Fachbereich 14
44221 Dortmund
Tel. 02 31/7 55-4159, 7 55-28 53,
7 55-28 28
www.fb14.uni-dortmund.de/frauenstudien/

Akademie für Führungskräfte
der Wirtschaft GmbH
Postfach 1116
38653 Bad Harzburg
Tel. 0 53 22/7 30

Managerinnen Kolleg Köln
Kattenbug 18 – 24, 50667 Köln
Tel. 02 21/9 13 03 39
www.martin-mkk.de

Im Internet:
www.fh-luebeck.de –
Fachhochschule Lübeck
www.golbald-learning.com/

berlitz – Berlitz School
Fremdsprachen
www.eflanguage.com –
Sprachschule

Au-Pair-Vermittlung:

Multikultur Au Pair Service
Arendtstr. 12, 50676 Köln
Tel. 02 21/9 21 30 40

Deutschamerikanische
Studiengesellschaft e.V.
Pappelweg 1
89275 Elchingen
Tel. 0 73 08/20 03

Gesellschaft für Internationale
Jugendkontakte e.V.
Braunscheidtstr. 11
53113 Bonn
Tel. 02 28/95 73 00

Only for Me, Cornelia Christoph
Schauinsland 4
61479 Glashütten
Tel./Fax 0 61 74/6 29 18
http://members.aol.com/
aupaironly

Verein für Internationale
Begegnung e.V.
Kleiner Markt 11
64646 Heppenheim
Tel. 0 62 52/6 92 56

Verein für Internationale
Jugendarbeit e.V.
Wesselstr. 8
53113 Bonn
Tel. 02 28/69 89 52

Im Internet:
http://www.au-pair-box.com

Familienservice:
pme FAMILIEN-
SERVICE GmbH
München – Zentrale
Lindwurmstr. 35
80337 München
Tel. 0 89/54 37 90 00
Fax 0 89/54 37 90 07
www.Familienservice.de

Hilfe bei Krankheit:
Notmütterdienst Familien-
und Altenhilfe e.V.
Sophienstr. 28
60487 Frankfurt a. M.
Tel. 0 69/77 66 11
Fax 0 69/77 90 83

KinderHut – Kinderbetreuung
für alle Fälle (im Ruhrgebiet,
bundesweiter Aufbau geplant)
Dagobertstr. 1, 45130 Essen
Tel. 02 01/77 21 10
Fax 02 01/8 77 56 65
www.kinderHut.de

Frauenverbände/Netzwerke:
Deutscher Frauenrat (DF)
Bundesvereinigung von
Frauenverbänden und
Frauengruppen gemischter
Verbände in Deutschland e.V.
Simrockstr. 5,53113 Bonn
Tel. 02 28/9 49 19-0
Fax 02 28/9 49 19-44

Deutscher Verband
Berufstätiger Frauen
Tannenweg 6
28618 Stuhr (Schriftführung)
Tel. 04 21/89 28 76

Verband der weiblichen
Arbeitnehmerinnen e.V.
Konstantinstr. 33
53179 Bonn
Tel. 02 28/9 56 39 77

Deutscher Frauenring e.V.
Bundesgeschäftsstelle
Talstr. 56 a
66119 Saarbrücken
Tel. 06 81/5 47 10

Verband deutscher
Unternehmerinnen e.V.
Gustav-Heinemann-Ufer 94,
50968 Köln
Tel. 02 21/37 50 74
Fax 02 21/34 31 71

European Women's Management
Development International
Network (EWMD)
Internationales Netzwerk mit
1200 Frauen in Führungs-
positionen, davon etwa 300
aus Deutschland:
www.ewmd.org

Vereinigung für Frauen im
Management e.V. (FIM)
mit Regionalgruppen in
Hamburg, Hannover,
Düsseldorf, Frankfurt a. M.,
Schwerin und München:
Frau Rempt
Karl-von-Roth-Str. 5
80997 München
Tel. 0 89/89 22 05 29

FAU – Frauen als Unter-
nehmerinnen für
Existenzgründerinnen, Selbst-
ständige und Freiberuflerinnen:
Oestdorfer Str. 14
91325 Adelsdorf
Tel. 0 91 95/67 93 und
09 11/83 60 66
Fax 0 91 95/74 18

ZONTA International
Wirtschaftsclub mit
Regionalclubs in Deutschland
Eichenallee 36 a
14050 Berlin
Tel. 0 30/3 04 72 83

W.O.M.A.N.
Welt-Organisation der Mütter
aller Nationen
Deutscher Frauenverband e.V.
Raabestr. 6
26386 Wilhelmshaven

Deutscher
Akademikerinnenbund
Friedhofstr. 41
74074 Heilbronn
Tel. 0 71 31/17 85 40
Fax 0 71 31/16 69 85

Frauenakademie München e.V. (FAM) – regionales Akademikerinnen-Netz mit bundesweiter Beratung
Auenstr. 31
80469 München
Tel. 0 89/7 21 18 81 und 7 21 38 30
Expertinnen-Beratungsnetz
0 89/7 25 18 48

Business and Professional Women Germany e.V. (BPW)
Zentrale:
Ohmstr. 14,
90552 Röthenbach
Tel./Fax 09 11/57 67 25
www.bpw-germany.de
München: A. Holler-Kuthe
Occamstr. 11,
80802 München
Tel. 0 89/39 69 64

Zentrale der Frauen im Internet:
www.frauen.nu

Coaching:
Informationen und Anschriften über Berufsverband Deutscher Psychologinnen und Psychologen BDP, Sektion Arbeits-, Betriebs-, Organisationspsychologie
Am Schilken 31
58285 Grevelsberg
Tel. 0 23 32/96 44 35

Anja Kolberg
Kirchweg 118
50858 Köln
Tel./Fax 02 21/9 48 38 65

Infos sowie Newsletter etc. im Internet unter:
www.frauencoaching.de

Empfehlenswerte Literatur

Handbuch Deutscher Frauenorganisationen über Deutscher Frauenrat, Simrockstr. 5, 53113 Bonn (bitte 3,– DM in Briefmarken beilegen)

Über das Bundesministerium für Familie, Senioren, Frauen und Jugend, Broschürenstelle, Postfach 20 15 51, 53145 Bonn oder Internet: http://www.bmfsj.de

- Staatliche Hilfen für Familien: wann – wo – wie
- Der Unterhaltsvorschuss
- Mutterschutzgesetz
- Erziehungsgeld, Erziehungsurlaub
- Alleinerziehend
- Studieren mit Kind
- Eltern werden aktiv – Wegweiser für Mütter und Väter, die eine Elterninitiative gründen wollen
- Das Gleichberechtigungsgesetz des Bundes
- Zurück in den Beruf (erscheint jährlich)
- Vereinbarkeit von Familie und Erwerbstätigkeit
- Vereinbarkeit von Familie und Ausbildung
- Familienfreundliche Maßnahmen im Betrieb
- Leitfaden zur Frauenförderung in Betrieben
- Rente für Frauen
- Kinder- und Jugendhilfegesetz
- Kinder in Tageseinrichtungen und Tagespflege
- Mobilzeit für Fach- und Führungskräfte lohnt sich
- Anschriften der Gleichstellungsstellen in Bund, Ländern und Kommunen
- Übersicht über die gesetzlichen Maßnahmen in den EU-Ländern bei Erziehung von Kleinkindern

Bundesministerium für Arbeit und Sozialordnung
Referat Öffentlichkeitsarbeit, Postfach 500, 53105 Bonn
Tel. 01 80/ 51 52 51-0, Fax 01 80/51 51 51-1 oder
Internet: http://www.bma.de

- Teilzeit
- Arbeitsrecht – Informationen für Arbeitnehmer und Arbeitgeber
- mobil Zeit – ein Leitfaden für Arbeitnehmer und Arbeitgeber
- Arbeitsplatz Haushalt – Ratgeber
- Telearbeit – ein Leitfaden für die Praxis

Arbeit und Familie. Weniger ist mehr.
Ministerium für Frauen, Jugend, Familie und Gesundheit NRW
Referat Öffentlichkeitsarbeit, 40190 Düsseldorf, Fax 02 11/8 55 32 11

Das Finanzamt und die Familie
Finanzministerium Baden-Württemberg
Neues Schloss, 70173 Stuttgart

Sonderheft: Familien entlasten – Reader zur Ehegatten- und Familienbesteuerung vom Deutschen Frauenrat

Gemeinnützige Hertie-Stiftung: Mit Familie zum Unternehmenserfolg, Frankfurt 1998, CD-ROM

Kinderbetreuung:
Das Dschungelbuch – Leitfaden für berufstätige Mütter
Verein berufstätiger Mütter e.V.
Corneliusstr. 2, 50678 Köln (10,– DM)

Babysitter, Hort & Co. – Ratgeber zur Kinderbetreuung
Dagmar Wolf, dtv

Mehr Zeit für mich – Das Zeitmanagement-Buch für Eltern
Thomas Kopal, Christophorus-Eltern

Job, Karriere, Mutterschaft:
Die erfolgreiche Existenzgründung. Insider-Tipps für alle, die sich selbstständig machen wollen.
Susanne Westphal, Campus

Frauen auf Erfolgskurs. Strategien für den beruflichen Aufstieg
Lee Bryce, Piper

Immer ein schlechtes Gewissen – kleine Lebenshilfe
für berufstätige Mütter.
Katherin Wyse Goldmann, Rowohlt

Erfolg ist weiblich. Der neue Karriereknigge
Irmgar Rühl, Herder

Top im Job
Birgit Rupprecht-Stroell/Marion Kaminski, Verlag Gesundheit

Ich krieg den Job! Der Bewerbungsratgeber für Frauen
Susanne Stein, Falken

Rhetorik Klassik
Nikolaus B. Enkelmann, Gabal

Körpersprache-Training. Positiv wirken, sicher reagieren.
Günter Moser, Falken

Coaching = Leistung durch Führung
Reiner Czichos, Ernst Reinhardt Verlag

Zeitmanagement im Beruf. Zeit planen. Ziele festlegen,
Arbeitsorganisation verbessern. Strategien zur Stressbewältigung.
Gisa Briese-Neumann, Falken

Literaturnachweis

Bruns, Silke: Mutterschutz, Erziehungsurlaub, Erziehungsgeld, FALKEN, Niedernhausen 1998
Diehl, Ute und Karl: Handbuch für berufstätige Eltern, Campus, Frankfurt/ New York 1999
Enkelmann, Nikolaus B.: Charisma, mvg Landsberg 1999
Erhardt, Ute/Johnen, Wilhelm: Frauen steigen wieder ein, Fischer, Frankfurt 1998
Grabrucker, Marianne: Karrieremütter - Superkids?, Fischer TB, Frankfurt, November 1997
Hildebrandt-Woeckel, Sabine: Karrierefalle Erziehungsurlaub, rororo, Hamburg 1999
Jansen, Margrit/Seibert, Ulrike: Kinder und Job, rororo, Hamburg 1997
Kinderbetreuung in Tagespflege - Tagesmütter - Handbuch, Kohlhammer, Bundesministerium für Familie, Senioren, Frauen und Jugend, 1996
Kurth, Tanja: Tagesmutter - Kinderbetreuung mit Familienanschluss, Kösel, München 1999
Pohl, Elke und Detlef: Wiedereinsteig in den Beruf. Möglichkeiten und Chancen für Frauen, Heyne, München 1993
Psychologie heute compact Nr. 4, Julius Beltz, Weinheim
Psychologie heute, Januar 2000
Psychologie heute Taschenbuch: Frauenleben heute, Beltz Verlag, Weinheim/Basel 1990
Rupprecht-Stroell, Birgit/Kaminski, Marion: Fleißige Frauen arbeiten, kluge machen Karriere, Langen Müller, München 1997
Rupprecht-Stroell, Birgit: Jetzt denke ich auch mal an mich, G. Thieme, Stuttgart 1999
Schneider, Regine: Gute Mütter arbeiten, Fischer, Frankfurt 1997
Schuster-Brink, Carola: Regeln und Rituale im Kinderalltag, Ravensburger 1998
vmb: Das Dschungelbuch, Köln, 1998
Wolf, Kirsten: Karriere durch Networking, FALKEN, Niedernhausen 1999

sowie die Broschüren des Bundesministeriums für Familie, Senioren, Frauen und Jugend und des Bundesministeriums für Arbeit und Sozialordnung.